ポスト・ケインジアン叢書

**35**

The Keynes Solution
The path to global economic prosperity

# ケインズ・ソリューション

グローバル経済繁栄への途

P. デヴィッドソン [著]
Paul Davidson

小山庄三・渡辺良夫 [訳]

日本経済評論社

*The Keynes Solution:*
*The path to global economic prosperity*
by Paul Davidson
Copyright © Paul Davidson, 2009

Japanese translation published by arrangement with
Palgrave Macmillan through The English Agency (Japan) Ltd.

私の素晴らしい，そしてつねに私を支えてくれている家族——ルイーズ，ロバート，ファニー，クリストファー，エミリ，カイ，ダイアン，グレッグ，タマ，アリク，ガヴィ，そしてザッカイ——に捧げる

## 日本語版序文

　本書はもともと，経済学の学術専門書としてではなく，一般読者向けの啓蒙書として著わされたものである．学術専門書は，経済学の専門家向けに書かれるもので，文中いたる所に専門用語がちりばめられているため，最近の経済問題について何かを学びたいと思っている平均的な一般読者にはその内容が理解し難いものになっているのが通例である．これに対して，経済学の一般向けの啓蒙書は，専門家だけにしか分からないような専門用語が張り巡らされた壁をいわば隠れ蓑にすることなく，経済問題とその解決策についての分かりやすい説明を提供できると考えられている．

　ジョン・メイナード・ケインズは，20世紀におけるおそらくもっとも偉大な経済思想家であった．かれの代表作である『雇用・利子および貨幣の一般理論』(Macmillan, London, 1936) は，市場志向の企業家経済を悩ませている経済問題の解決策について考える革命的な方法を提供してくれている．ケインズは，第2次世界大戦後の国際決済システムを創設するため1944年に開催されたブレトン・ウッズ会議において，各国が国際均衡を優先させることにとらわれずに完全雇用の繁栄をもたらす国内政策を追求できるのを確実にするような，国際決済システムを展開する案を提示した．しかしながら，21世紀のグローバルな経済にとって不幸なことに，この「ケインズ案」は，ブレトン・ウッズ会議への米国代表団によって拒否されてしまった．

　第2次世界大戦後，失業を減らすためのケインズの政策処方箋は，ほとんどのOECD加盟国によって採択されたが，ケインズの理論的原理や分析枠組みは，ほとんどの経済学の教授たちによって理解されることも教えられることもなかった．（なぜケインズの分析が経済学の専門家たちによって理解

されなかったのかの説明については，本書の補論を見られたい．）今日でさえ，テレビのメインキャスターや新聞・雑誌の主筆が「ケインズ主義」といっているものの多くは，貨幣を使用する市場志向の企業家経済システムの動きを理解するためケインズが展開した分析とはほとんど何の関係もないものである．

　したがってこの啓蒙書は，知性ある一般の読者を主な対象として，ケインズの経済分析枠組みとその現代市場経済にとっての妥当性を理解する手助けを提供するために書かれたものである．本書は，国民の生活水準の改善や，なぜ国がしばしば繁栄する成長経済を維持することができなくなるのかに，興味を持っているすべての国民や政府向けの，ケインズについての重要な入門書である．例えば，それは，日本の読者が，輸入の拡大を上回る力強い輸出の伸長（経済学者が「黒字の貿易収支」と呼ぶもの）を促進すべく日本の産業を国際競争力のあるものにする計画的な政策に頼ってきた1980年代の「奇跡の」日本経済が，どうして，ここ20余年の間は，政治家のいう，経済を刺激するケインズ的な赤字支出政策を採ったにもかかわらず，完全雇用の繁栄せるシステムを維持することができない経済になってしまっているのかを理解する手助けをすることであろう．本書が，日本の関心のある一般の読者のみならず，経済学の学生ならびに教授に，真のケインズ理論を紹介することになるのを願っている．

　かつてウィンストン・チャーチルが述べたように，「民主主義が完全無欠な制度であるとかあるいはこの上なく賢明な制度であるとかと，偽る者はだれもいない．それどころか，民主主義は，これまで試みられてきたすべての他の統治形態を除けば，最悪の統治形態であると言われている．」同様に，市場志向の経済システムは完全無欠のシステムでもこの上なく賢明なシステムでもない．しかしながら，ケインズの分析枠組みは，グローバルな経済的繁栄を生み出すために，そのような市場志向のシステムの主な経済的欠陥を取り除き，それによってわれわれの経済システムの不完全な働きを大きく改善するよう企図されているのである．

本書より汲み取られるべき教訓は，貿易相手国の犠牲において黒字の貿易収支を上げるためにより一層の国際競争力を付けようとする国々の存在を必要とすることなしに，グローバルな経済的繁栄が達成可能であるということである．もしケインズの指導原理がわれわれの現在の経済問題の解決に適用されるならば，すべての国家が，自らの国内政策の実施によって完全雇用の繁栄を自国民に提供し，貧困のすべての爪痕を消し去り，ある国の金融市場がグローバルな「大不況」をもたらしかねないと恐れる必要もないことを悟ることができるであろう．

2011 年 2 月

ポール・デヴィッドソン

## 謝辞

　私は，妻ルイーズがつねに私の努力に対し与えてくれる助けと理解なしには，本書を書くことはできなかったであろう．
　また私は，パルグレイヴ・マクミランの担当編集者，ローリー・ハーティングが本書の執筆中に与えてくれた計り知れない協力，助言そして励ましに対し，感謝申し上げたい．

# 目次

日本語版序文

| | | |
|---|---|---|
| 第1章 | 政策に影響を与える思想の力 | 1 |
| 第2章 | 21世紀最初のグローバル経済危機を引き起こした思想と政策 | 9 |
| 第3章 | 将来を「知る」ために過去のデータに頼ること<br>——資本主義システムについての古典派の考え | 31 |
| 第4章 | 1ペニーの支出は1ペニーの所得になる<br>——資本主義経済と貨幣の役割に関するケインズの考え | 49 |
| 第5章 | 国債とインフレーションについての真実 | 65 |
| 第6章 | 経済回復のあとに改革を | 89 |
| 第7章 | 国際貿易の改革 | 115 |
| 第8章 | 国際通貨の改革 | 131 |
| 第9章 | ケインズも誇りに思うような文明化された経済社会の実現に向けて | 155 |
| 第10章 | ジョン・メイナード・ケインズ<br>——簡潔な伝記 | 165 |
| 補論 | なぜケインズの考えがアメリカの大学で教えられることがなかったのか | 173 |

注　193
参考文献　198
訳者解説・あとがき　202
索引　220

# 凡例

1. 本書は，Paul Davidson, *The Keynes Solution: The Path to Global Economic Prosperity*（Palgrave Macmillan, 2009）の全訳である．
2. 訳文中の「　」は，原則として原文中の"　"ならびに論文の題名を示し，『　』は，著書名や，引用文中で'　'書きされた語句を示すのに用いた．
3. 人名およびその他の重要と思われる固有名詞や特殊用語は，フルネームで初出の個所に原語を入れておいた．
4. 書名と外来語を除く，イタリック体で強調を表わしている語句・文節については，ゴシック体で示した．
5. 訳文中の［　］は著者によって挿入された言葉を示しており，〔　〕は文脈の理解を助けるために訳者が挿入した言葉である．
6. 本書内に引用されている文章の訳出に当たっては，すでに訳書が刊行されている場合には，できる限りそこでの訳文を，漢字（常用漢字でない場合は除く），仮名遣いを含めそのまま採択させていただいた．採用させていただいた訳書については，注の欄で，各章ごとに記載している．

# 第1章

# 政策に影響を与える思想の力

> 経済学者や政治哲学者の思想は，それが正しい場合にも間違っている場合にも，一般に考えられているよりもはるかに強力である．事実，世界を支配するものはそれ以外にはないのである．
> ——ジョン・メイナード・ケインズ（John Maynard Keynes）

　政治家やテレビの解説者たちがひっきりなしに国民に警告していることは，米国でのささいなサブプライム住宅ローンの債務不履行が原因で 2007 年に始まった現在の経済危機が，1930 年代の大不況以来の最も重大な経済的破局をもたらしたということである．しかしながら，あまり指摘されていないことであるが，この現在のグローバルな経済・金融危機に関して注目すべきことは，その原因が自由な（規制のない）金融市場の働きにあるということである．ところがここ 30 年以上もの間，主流派の経済学者，政府内の政策立案者および中央銀行家とその経済顧問たちが主張してきたのは，(1)政府による市場規制も大掛かりな政府支出政策もともに現代の経済問題を引き起こすもととなっており，(2)大きな政府をやめ市場から政府の規制やコントロールを撤廃することが現代の経済問題の解決策になるのだということであった．

　2008 年の秋には，この 21 世紀型の自由化された金融市場は，自らの引き起こした悲劇的な大惨事を修復できないことが明らかとなった．2008 年 10 月には，米国財務長官でありかつてある大手投資銀行のトップを務めたヘンリー・ポールソン（Henry Paulson）は，民間金融機関を救済するために前

例のない 7,000 億ドルもの資金供与を議会に要請したが，これら金融機関は最近まで，自由化された金融市場での活動によって莫大な利益をあげていた．そしてこれら金融サーヴィス機関の首脳部は，わずか 10 年前ですらおとぎ話の中の王様の所得に相当すると思われる程の金額を，給料やボーナスとして受け取っていたのである．

　その年の秋を通じて状況が日々悪化していくにつれて，この金融機関救済策では経済の繁栄を取り戻すのに十分ではないことが明らかになった．世界中の各国政府は，自国の経済が回復するのを助けるため，ないしは失業の増加を抑え不振の企業業績がいっそう悪化するのを防ぐため，巨額の財政措置が必要であることに気付き始めた．そのような経済回復のための財政支出は，20 世紀の英国の経済学者，ジョン・メイナード・ケインズの名前に因んで，しばしばケインズ的経済刺激策と呼ばれている．2008 年 10 月 23 日付『タイム』誌に掲載された「ケインズの復権」と題する〔ジャスティン・フォックス（Justin Fox）氏の〕論文の中で，自由市場こそが現代のどのような経済問題に対する解決策をも提供できるとの信念の基礎となった合理的期待理論を展開したノーベル賞受賞者ロバート・ルーカス（Robert Lucas）の，「わたくしは，すべての人が隠れケインジアンであると思う」という言葉が引用されている．

　しかしながら，1970 年代初頭に石油輸出国機構（OPEC）による原油価格の急激な引き上げは，異常に高い率のインフレを引き起こした．そのときこのインフレ問題に対する「ケインズ的」な解決策と誤ってみなされたものは，効果がないように思われた．むしろ，その施策は，失業と物価が同時に上昇する「スタグフレーション」という事態を引き起こすかのように見えた．当時ケインズ的なインフレ抑制政策と呼ばれたこの政策の失敗は，ヴェトナム戦争に対する国民の不満と相俟って，米国政府の施策に対する国民の全般的な不信感を増幅させた．大きな政府の施策に対するこのような反感は国民の心を捉え，大きな政府はやめるべきだという考えを唱道する人びとに活躍の場を与えることとなった．

その結果，1970年代以降は経済学者も政府内の政策立案者もケインズの経済思想や哲学を葬り去り，ほとんど忘れてしまうに至った．経済学界の考えは，ミルトン・フリードマン（Milton Friedman）やかれのシカゴ大学の同僚たちに導かれて，再び自由市場，自由放任のイデオロギーによって染められることとなった．国民も政府内の政策立案者も，古典派の経済学説の教育を受けており，それによれば経済的進歩と繁栄を増進するためには，(1)政府が「無駄遣い」できる資金を持たないよう，税率をぎりぎり必要最低限まで引き下げることによって大きな政府の時代を終えること，および(2)フランクリン・ルーズヴェルト（Franklin Roosevelt）のニューディール行政によって設定されていたすべての政府規則や規制を，市場から撤廃すること，というただ2つのことを行ないさえすればよいとされている．この小さな政府と拘束のない市場が望ましいという主張は，米国のロナルド・レーガン（Ronald Reagan）大統領や英国のマーガレット・サッチャー（Margaret Thatcher）首相のような政治家によって受け入れられた．

1987年から2006年まで連邦準備制度理事会（FED）の議長であったアラン・グリーンスパン（Alan Greenspan）ほど，金融市場からどのような形の政府規制をも撤廃すべきだと主張した重要人物は他にいなかった．グリーンスパンがFEDにいた時代には，国民も政治家もかれが過ちを犯すなどとは思ってもみなかった．グリーンスパンは，何年にもわたって，一般には理解し難いあいまいな言葉で議会の委員会での証言を行なってきたが，規制のない洗練された金融システムから，必ず繁栄が生まれると説明しているかのようであった．そしてかれの連邦準備制度理事会議長としての在職中，米国経済は低いインフレ率と高い経済成長が永久に続く状態にあるかのように見えた．もっとも後になって考えれば，この経済成長と繁栄の多くが，主として1990年代のITバブルとそれに続く21世紀最初の数年における住宅バブルによるものであったことが分かるのであるが．最近になって，それまでグリーンスパンの政策を絶賛していた多くの「専門家」は，これら「バブル」の原因が，グリーンスパンの在職中の連邦準備制度によって採られた金融緩和

と低金利政策にあると主張して，今回の問題発生の責めをグリーンスパンに負わせている．

それにもかかわらず，グリーンスパンが議長であった間，かれの言動があまりにも説得力のあるものであったので，共和党政権も民主党政権も，政府は自由市場の効率性についてのグリーンスパンの考えを支持したのである．事実，ビル・クリントン（Bill Clinton）大統領は，1996年の一般教書において「大きな政府の時代は終わった」と宣言したくらいである．

強い経済と小さな政府についてのこのような楽観論にもかかわらず，数十年にわたる，グリーンスパンの擁護した市場の規制緩和と，（軍事支出を除く）より小さな政府の支出計画の結果として，米国のみならず世界の経済が大不況以来最大の経済危機に陥ったことは，今や明らかである．

グリーンスパンは，2008年10月23日に行なわれた下院の銀行監督および政府規制改革委員会（Committee on Oversight and Government Reform）での，自己の過失を認めるという驚くべき証言の中で，自分は自由な金融市場の自己矯正能力を過大に評価していたこと，および規制緩和が経済に対しこのように破壊的な力を及ぼすことを全く見逃していたことを認めた．グリーンスパンは，金融危機を論じたあらかじめ用意された証言の中で，次のように述べている．

> しかしながら，今回の危機は，わたくしの想像をはるかに超えた広範囲な影響を及ぼすものであることが明らかになっている．……貸出機関の私利追求が株主の持分を保護するであろうと期待していたわれわれ（とくにわたくし自身）は，あまりのことにショックを受け信じられぬ思いでいる．……最近数十年の間に，コンピューターと通信技術のすばらしい発展によって支えられた数学者と金融専門家の最も優れた考え方を融合して，膨大な危機管理と価格設定のシステムが開発されるに至っている．［経済学での］ノーベル賞が，［金融］派生商品市場の発展の多くを支える［自由市場での］価格設定モデルの発見に対して，授与されてい

る．この斬新な危機管理の枠組みが，過去数十年にわたって支配的であったが，今やこの全知的体系が崩壊し［てしまっ］ている．

　グリーンスパンは，議会の委員会のメンバーによる尋問を受けて，金融市場で起こった出来事によって，金融規制は必要ないという従来の自分の考えを再検討せざるを得なくなったと認めている．そしてかれは，次のように述べている．「世界がどのように動くかを規定する重大な機能構造であるとわたくしが考えるモデルの中に，ある欠陥を見出したのである．それが，まさにわたくしがショックを受けた理由である．……わたくしは，それがなぜ起きたのかを依然として完全には理解していないが，それがなぜ起こったのかを理解できた程度に応じて，わたくしの従来の考えを改めることとしたい」．
　本書の主たる目的は，資本主義システムがどのように運行するのかに関する相異なる2つの主要な経済思想・哲学ならびにこれらの考えが，時間を通じて発生してくる経済問題についての異なる解釈をどのように示しているかをわかり易い言葉で説明することである．さらに，わたくしは，これら異なる経済哲学がわれわれの暮らしている資本主義システムの経済上の諸問題を解決するための異なる原理的説明をどのように提示しているかを明らかにするであろう．最初の1組の考えは，古典派ないし新古典派，効率的市場理論そして主流派経済理論など，いろいろな名称で呼ばれている．第2の組の分析的考えは，ケインズによって展開された流動性および貨幣的分析である．
　かつてウィンストン・チャーチル（Winston Churchill）が，次のように言ったことがある．「民主主義が完全無欠な制度であるとかあるいはこの上なく賢明な制度であるとかと，偽る者はだれもいない．それどころか，民主主義は，これまで試みられてきたすべての他の統治形態を除けば，最悪の統治形態であると言われている」．同じ論法で，1930年代の大不況の時期に，ケインズは，われわれが資本主義と呼びかれもはっきりと非常に不完全な企業家的経済システムであるとみなしたものを救うべく企図された分析枠組みを展開した．ケインズは，資本主義が，その不完全さにもかかわらず，文明化

された経済社会を達成するために人類が考え出した最善の制度であると信じた．しかしながら，資本主義には2つの重大な欠陥，すなわち，(1)働きたいと思っているすべての人びとに永続的な完全雇用を提供することができないこと，および(2)その所得および富の恣意的で不公平な分配，という欠陥があることに，ケインズは気付いていた．ケインズが論じたことは，これらの欠陥が是正されるまでは，資本主義システムは極端に不安定で，したがってしばしば経済の破局的な崩壊を引き起こしかねない経済ブームの状況に陥らせる可能性があるということであった．

　ケインズの分析は，これら2つの欠陥が資本主義になぜ生じるのか，それらがどのようにして経済を不安定化させるのかを明らかにした．かれは，政府にはこれら2つの欠陥を，われわれの暮らしている資本主義経済システムから完全に取り除くところまではいかないとしても，少なくとも軽減するために努めるという，きわめて重大な責務があると主張した．ケインズの議論は，民間の自発性と協同して働きそれを補完するような適正に立案された政府施策をもってすれば，市場志向の企業家システムの利益を依然として享受しうる，完全雇用状態の安定した資本主義経済を発展させることができるというものであった．ケインズが注目しているように，資本主義の利益とは，

> 分権化の利益と利己心の作用の利益である．……しかし，個人主義は，もし欠陥と濫用を避けることができるなら，他のいかなる体制と比較しても個人的選択の働く分野を著しく拡大するという意味で，とりわけ個人的自由の最善の擁護者である．また，個人主義は生活の多様性の最善の擁護者でもある．生活の多様性は，まさにこの拡大された個人的選択の分野から生ずるものであって，多様性を失うことは画一的あるいは全体主義的国家のあらゆる損失の中で最大のものである．なぜなら，この多様性こそ，過去幾世代もの人々の最も確実で最も成功したさまざまな選択を包容する伝統を維持するものであり，また現在を多様な空想力によって彩るものであり，さらに，伝統の侍女であり想像力の侍女である

と同時に，実験の侍女でもあるために，将来を改善する最も強力な手段だからである[1]．

　もし政府がケインズの勧めた政策を実行するならば，そしてもしわれわれが人口増加をコントロールしつつ大規模な戦争や国内紛争を避けることができるならば，われわれの孫たちが飢えも貧困もない世界を引き継ぐことができるであろう，とケインズは信じたのである．

　第2次大戦直後からの25年の間は，ほとんどの資本主義国の政府は，ケインズの経済思想から導き出される経済政策を積極的に遂行した．ケインズの考えによって示唆される政策に刺激されて，資本主義世界の1人あたりの経済成長率は，過去に達成されたことがなく，またそれ以後も抜かれることのなかったほどの高水準を維持した．自由世界の経済は，かつてケインズが心に描いていた文明化の目標を達成しつつあった．この戦後の四半世紀は，グローバルな卓越した経済的繁栄の時代であり，経済学者，イルマ・エーデルマン（Irma Adelman）は，それを「経済発展の黄金時代……先進国のみならず発展途上国においても先例のないくらいの持続的経済成長をみた時代」[2]と性格付けている．

　この資本主義経済発展の黄金時代は，非共産主義諸国の生活水準を比べるもののないくらいの速さで高めていったため，1971年には，共和党のリチャード・ニクソン（Richard Nixon）大統領でさえ，「今やわれわれはすべてケインジアンである」と発言したと記録に残されている．

　わたくしは以下の諸章で，グリーンスパンが信じ古典派の経済学者やフリードマン，ルーカス，マイロン・ショールズ（Myron Sholes）およびロバート・マートン（Robert Merton）といったノーベル賞受賞者たちによって広められてきた古典派経済学モデルの基調をなしている「知識の体系」の基礎を明らかにするつもりである．わたくしは，これらの古典派経済学の考えが，どのように国家をして，かつて大不況を引き起こしてしまった過ちを再び繰り返させたのかを解明するであろう．さらにわたくしは，ケインズの分析枠

組みと，かつて政治家や政策立案者たちの心をとらえたシカゴ学派の自由で「効率的な市場」分析との間の違いを明白にするであろう．わたくしは，なぜケインズの分析が，市場優先の資本主義システムを安定化させそれによって金融危機という破滅を回避する上での政府の役割に関するもうひとつ別の考えをもたらすのかを説明するであろう．

　わたくしが望んでいることは，古典派経済学者とケインズの考えを対比して論じる過程で，読者が現在の経済的病の原因とその病弊を治すための療法を理解する上でより合理的でより適切なアプローチとはどちらなのかを判断できることである．わたくしは，ケインズの考えを今日の企業家的（資本主義）システムの中に組み込むことが，2007年に始まったこの経済・金融危機の引き起こした経済的大混乱からわれわれを救う手助けになるということを，読者に納得してもらいたいと思っている．おそらくもしグリーンスパンが本書を読みそのメッセージを理解するならば，何がかれの心酔していた古典派の知識体系を崩壊させることになったのかを最終的には悟り，これまでの自分の考えを改めることであろう．

# 第2章
# 21世紀最初のグローバル経済危機を引き起こした思想と政策

>過去を思い出せない者は，再びそれを繰り返す運命にある．
>——ジョージ・サンタヤナ（George Santayana）

19世紀と20世紀初頭に経済危機や失業問題が起こったが，1929年に始まった大不況までは，経済学者も政治家も好不況は自然な景気循環以上のなにものでもないと信じていた．これらの経済学者が信じたことは，そのような自然現象は自然に治癒されるということであった．したがって，大不況までは，これらの経済学者のほとんどは，どのような景気の下降も，自由競争市場で働く伸縮的な諸価格によって自然に難なく回復されると考えたのである．

不況が長引く傾向がある場合に，当時のほとんどすべての経済学者が主張したのは，このように不況が長期化するのは，価格を固定化する独占的企業，賃金を固定化する労働組合あるいは政府の干渉のない競争的な市場で見出される賃金や価格の伸縮性を妨げたり制限したりする政府施策のためであるということであった．

米国における第1次世界大戦後の短期間の不況の後の狂騒の20年代は，とどまるところを知らない繁栄の時期であった．1929年には，米国の労働者の失業率はわずかに3.2％であった．1920年にダウ・ジョーンズの株価指数は63.9であったが，続く数年の間ニューヨーク証券取引所は空前のブームに沸いた．すなわち，1929年にダウ平均は381.2のピーク値をつけたが，これは株価がわずか8年余りの間に500％以上も上昇したことを意味した．

10年にわたる株式市場のブームの間，人びとは株式を「信用」で買う，すなわちわずか5％の頭金で残りを借入金でまかなって——19対1のレバレッジを効かせて[1]——株式を買い付けることができた．言い換えれば，かれらは株式市場で20ドルの投資をするのにその内の19ドルをも借り入れることができたのである[2]．

　1929年には，かつてなにものにも投資したことがなく投資した企業についてほとんどないし全く知らないようなブルーカラーの労働者を含む小口の個人投資家が，信用で株式市場へ買い付けに入って来つつあった．これらの信用買い付けをする者は，しばしばブローカーや銀行家がどこに儲けの多い値動きがあるかを教えてくれるのを当てにしていた．借金して株式を買っていたのだが，米国のすべての人が金持ちになりつつあるように見えたのである[3]．

　株式市場は1929年10月24日に暴落したが，そのわずか数日前に，当時最も著名な古典派経済学者のひとりであった，イェール大学のアーヴィング・フィッシャー（Irving Fisher）教授は，聴衆に向かって，市場は高値の安定期に達したので以後はここから上昇していくだけであると説いていた．そして突然相場が大底をついたのである．1932年6月には，ダウ・ジョーンズ株価指数は，1929年の高値から89％も低下してしまった．フィッシャー教授は自ら信じるところに投資をしていたが，この暴落で800万ドル～1,000万ドルという1929年当時としては莫大な金額の損失をこうむったといわれている．大不況が米国を襲ったのである．

　1929年から1933年までの間，米国経済は悪化の一途をたどった．経済システムが逃れられない破局に巻き込まれたかに見えた．失業率は，1929年の3.2％から1933年にはほとんど25％にまで高まった．1933年3月にフランクリン・D. ルーズヴェルト（Franklin D. Roosevelt）が大統領に就任したが，そのとき米国の労働者の4人に1人が失業していたのである．米国人の生活水準の指標である，国民1人当たりの実質国内総生産（GDP）は，1929年から1933年の間に52％も減少した．このことは，1933年に米国の

平均的家庭が，1929年に稼いでいたものの半分以下で生計を立てていたということを意味する．アメリカ資本主義の夢は破れてしまったかのように見えた．

その当時の多くの経済専門家は，依然として古典派の経済理論を援用して，米国における高い失業率は賃金あるいは価格が固定されているためであり，不況は労働者と企業により低い対価を受け入れるのを余儀なくさせるであろうと論じた．その結果不況は長続きするはずがないとされた．政府が自由競争的な市場システムの動きを阻害せず，労働者と企業が自らの生産活動の対価としてより低い賃金とより低い価格を受け入れるかぎり，経済はまもなく立ち直るであろうというのである．

この古典派の政策処方箋のすばらしい例は，1929年3月から1933年3月まで米国の大統領であったハーバート・フーヴァ（Herbert Hoover）の回顧録の中に示されている．フーヴァは，第1次世界大戦の影響に打ちのめされたヨーロッパの人びとに食糧を提供する手助けに努めたことにより，親切で面倒見のよい人物としての賞賛を博していた．かれは，人類が自分自身の行ないのせいで生じたのではない経済的困窮を経験している情況を緩和しようと努めるような人物であったことは明らかである．フーヴァは，その回顧録の中で，自分が不況を終わらせ雇用を創出するための積極的な措置を取りたいと思ったときはいつでも，かれの政権の財務長官であったアンドリュー・メロン（Andrew Mellon）が政府措置を取らないよう警告し，次のような同じ忠告を繰り返すのがつねであったと記している．「メロン氏は，唯一の原則を堅持していた．それは，労働を清算（liquidate）しましょう，株式を清算しましょう，農民を清算しましょう，不動産を清算しましょう，そうすれば，このシステムから不健全なものを一掃することになり，……人びとはより勤勉に働き，より道徳的な生活を送るようになるでしょう，というものであった」[4]．

しかしながら，英国において，1920年代は高失業率の時代であった．そのほとんどの年において，それは10%を超えていた．したがって米国が

1930年代の大不況に突入したときに，長期にわたって継続される失業の問題により関心を示したのが，米国の経済学者たちではなく英国の経済学者たちであったのは，少しも不思議ではない．

英国においては，1920年代の高い失業率が，著名な英国の経済学者であるケインズを刺激して，英国のような資本主義経済がなぜそのように高い失業率に苦しむこともあるのかを解明しようと努めさせることとなった．ケインズは古典派経済学者としての教育を受けており，第1次世界大戦前はケンブリッジにおいてまさしく古典派の経済分析を教えていたが，戦後の経済事象がかれをして古典派理論の考え方を疑問視させるにいたったのである．大英帝国は，米国とは異なり，失業率が9.7％と推定された1927年を除けば，1920年代を通して2桁の失業率を伴った大幅な景気後退に苦しんでいた．これらの事実は，ケインズをして，労働者がより低い賃金を受け入れないことが失業の原因であると主張する古典派理論とその哲学を考え直させることとなった．ケインズは，15年の歳月をかけて，古典派の一連の考えに取って代わるひとつの考えを展開し，それをかれの1936年の書物である『雇用・利子および貨幣の一般理論』の中で説明した．

ケインズはこの書物の中で，貨幣を使用する市場志向の資本主義的経済システムの主なる経済的欠陥とどのような政策が資本主義システムの利点を維持しながらこれらの欠陥を防ぐことができるのかについて詳細に述べている．ケインズはこの貨幣的経済分析こそ，自由市場がすべての経済問題を解決するという主流派の古典派経済学の哲学，すなわちほとんど2世紀にわたり英国や米国における経済学者の思考を支配してきた哲学に代わり得るものであると信じたのである．

ケインズは，1935年の元日にジョージ・バーナード・ショウ（George Bernard Shaw）に宛てた手紙の中で，次のように述べている．

わたくしの新しい心境を理解していただくためには，……わたくしがいま，世界の人々の経済問題に対する考え方を，おそらくいますぐにでは

ありませんが，今後 10 年間のうちに，大きく変革すると信じている経済理論書を書いているということを，あなたに知っていただかなければなりません．わたくしの新しい理論が政治や感情と十分に混ぜ合わされたとき，その最終結果が行動と事態にどのような影響を及ぼすか，いまわたしは予見することができません．しかし，大きな変化が起こり，とくにマルクス主義のリカード的基礎は打ちこわされるでしょう．

わたくしはあなたが，あるいはまた他の人たちが，このことをいまの段階において信じてくださるとは思っておりません．しかし，わたくし自身としては，わたくしのいっていることをたんに希望しているのではありません．わたくし自身の心のなかではまったく確信しているのです[5]．

13 カ月後の 1936 年 2 月に，ケインズの書物『雇用・利子および貨幣の一般理論』は出版された．ケインズのいくつかの革新的な政策についての考え方は，大不況と第 2 次世界大戦の期間をつうじて政府の財政支出の意思決定に確かに影響を及ぼすこととなった．

## ルーズヴェルトのニューディールとケインズの経済学

ルーズヴェルトが 1932 年 11 月に大統領に選出されたとき，多くの人びとは，もし自由競争をそのまま働くに任せておけば経済は回復するというような自然な景気循環を経験しているのではないことを承知していた．しかしながら，1933 年 3 月にルーズヴェルトが就任したとき，ケインズの新しい経済学の考えはまだ完全には展開されていなかった．したがって，自由市場は長期を取れば最終的には完全雇用と社会のすべてのメンバーにとっての繁栄を再びもたらすであろうという古典派経済学の考えに代わる，積極的政府施策を展開するための体系的な論理的根拠がまだ整っていなかったのである．当時，長期をみれば自由市場が繁栄を取り戻すであろうという古典派の主張

に対して，ケインズが考え出したもっとも賢明な応答は，そんな悠長なことをいっていたら「長期的にみると，われわれはみな死んでしまう」[6]というものであった．

　ルーズヴェルト大統領は，就任直後はまだ米国経済を大不況から救い出す完全で一貫した計画を持っていなかった．ルーズヴェルトが1933年3月の就任演説で米国民に確言できたことは，「われわれが恐れなければならない唯一のことは，われわれの中にある恐怖心それ自体である」ということだけであった．ルーズヴェルト政権は，発足初期の期間を通じて，たとえば，支出によって経済を刺激してみたり，事業環境の規則や規制を変更してみたりするなど，あらゆる種類の実験的施策に携わった．

　ケインズは，1933年12月31日付『ニューヨーク・タイムズ』に掲載された大統領への公開書簡の中で，次のように書いている．

　　親愛なる大統領閣下

　　　閣下は，現社会体制の枠組みの中で道理に基づいた実験的施策により現状の悪弊を矯正しようとしているあらゆる国の人びとから，厚い信頼を寄せられておられます．
　　　もし閣下が失敗されるならば，道理に基づいた変革が，世界中のいたるところで信用を大きく失墜し，正統派［古典派理論］と革命論者［マルクス主義］に勝負がつくまで相戦うに任せることになるでしょう．
　　　しかしもし閣下が成功されるならば，新しくてより大胆な方法が至る所で試みられるようになるでしょうし，わたくしたちは成功を収め，閣下の大統領就任を以って新しい経済の時代を画する第1章の始まりとすることができるかもしれません．

　ケインズは続けて，ルーズヴェルトが「回復と改革，すなわち，不況からの回復と長い間の懸案になっている企業・社会の改革案の実施という，二重

の仕事」に携わっていると指摘している．しかしながら，ケインズは，「賢明で必要な改革でさえ……［もしそれが］企業の確信を覆すならば，……完全な回復を阻害する……かもしれません．……そしてそれは，一度にいろいろなことを考慮しなければならないという大きな負担を閣下に負わせることによって，閣下ご自身と閣下の政権の考えや目的をあいまいにしてしまうかもしれません」と警告している．

同様にケインズは，『一般理論』において，「労働党内閣やニュー・ディールに対する不安が企業を抑圧する場合」(p.162)，不況からの回復は危うくなる可能性があると警告している．言い換えれば，**経済回復にこそ第1の優先順位が与えられなければならず**，どのような必要な改革も企業家や一般大衆の熱狂を鼓舞するように，纏め上げられなければならないということである．必要とされる立派な改革を唱道するだけでは十分ではない．当然のことであるが，これらの改革が大衆の支持を得るためにどのように纏め上げられどのように大衆に提示されるかに関して，手際よくなければならないのである．

ルーズヴェルト政権は，そもそもの初めから，いろいろな方面で行動を起こしている．政権が達成した適切で賢明な改革としては，銀行預金の保証，多くの住宅・農地抵当貸付金の低利での借り換え，社会保障制度の創設，金融資産市場を規制するための証券取引委員会（SEC）の設置，労働者の団体交渉力の強化および労働時間の短縮と労働環境の改善の義務付けがある．

しかしながら，経済回復にはこれらすべての改革よりも高い優先順位が与えられたのである．ルーズヴェルト政権は，今日われわれがインフラ投資と呼んでいるもの（すなわち，橋梁，学校，公園，道路などの建設）を通してのみならず，テネシー川流域開発公社（TVA）や市民保全部隊（CCC）経由の環境投資ならびに芸術や文化への支出を通して，数百万の雇用を生み出すための巨額の政府支出を行なった．そして後者への支出からは，オーソン・ウェルズ（Orson Welles）のような俳優や，クリフォード・オデッツ（Clifford Odets）のような劇作家，およびジャクソン・ポロック（Jackson Pollock）やヴィレム・デ・クーニング（Willem de Kooning）のような画家を，

政府が雇用するということも生まれたのである．

ニューディールとは，ルーズヴェルト政権が1933年から1939年までの間に行なったいろいろな需要喚起策に，ルーズヴェルトがつけた名前である．テキサス大学の不平等調査プロジェクトによって2009年2月に発表された，「新しい『ニューディール』の時代へ」と題する論文において，マーシャル・アウアバック（Marshall Auerback）は，ルーズヴェルトのニューディールが，2,500の病院，45,000の学校，13,000の公園および運動場，7,800の橋梁，70万マイルの道路，多くの空港を建設ないし改修し，数十億本の樹木を植えたと指摘している．またニューディールは，ニューヨークのリンカーントンネルやトライボロブリッジ，シカゴのレイクフロント地区の大部分，モンタナ州の州議会議事堂，ピッツバーグの学びの聖堂および今日なお用いられている他の価値あるプロジェクトの建設を請け負ったし，またこの国の地方の学校制度の立て直しも行なったとのことである．

大統領の第1期の任期中に，経済を活気づけるためのルーズヴェルトの支出は，1年当たり20億ドルから60億ドルの財政赤字をもたらした．それはGDPの2%から5%に相当する金額であった．過去の実績の基準からすると，1933年から1936年までの間の経済の拡大は非常に力強いものであった．1936年の物価変動調整後の実質GDPは，大不況が始まる直前の1929年のそれとほぼ同じであった．1936年までの間に人口が増加したため1人当たり所得は依然として1929年当時より小さく，生産性の向上と労働力の増加によりなおかなりの失業が残っている状態にはなっていたものの，経済回復はうまく軌道に乗っているかのように見えた．正式に公表された失業率は，1932年の約25%から1936年の16%へ低下していたのである．もっとも非公式の推定では，失業率が1936年には9%に低下していたとされている[7]．

ルーズヴェルトの支出計画は，これら巨額の政府支出による赤字が「財政的に無責任」であると主張する政治家たちによってしばしば制約を受けた．ルーズヴェルトが大統領に就任したとき，国家債務はGDPの約20%に相当する額であったが，1936年には国家の債務総額は，GDPの40%に匹敵

## 第2章　21世紀最初のグローバル経済危機を引き起こした思想と政策

するまでになった．その年，経済の専門家のなかには，そのような無分別な赤字支出が続けば，国家を破産させてしまうであろうと公言する者もいたし，政府はすでに「呼び水政策」によって産業に対する需要を十分に増加させているのではないかと主張する者も出る始末であった．

ルーズヴェルトは，巨額の国家債務が国を破産させる恐れのみならず，呼び水政策の威力についての議論を承知していた．ルーズヴェルトは，そのような赤字を止め国家の破産を避ける自分の決意を示すために，本当のところ連邦政府による「呼び水政策」の必要性はなくなったという考えを受け入れた．1936年11月の選挙の直前に，ルーズヴェルトは主に政府支出を削減することによって赤字を半減させることを企図した，1937会計年度の予算案を議会に提出した．

ルーズヴェルトは，圧倒的な支持を得て再選されたが，かれの1937会計年度の緊縮予算は，1938年の第1四半期を通じて実質GDPが約10%減少するという深刻な結果をもたらした．1937年の12カ月間における「財政面で信頼できる」政府施策は，過去4年間の赤字財政が雇用の創出や経済の顕著な回復の面で成し遂げたことをすべて台無しにしてしまったのである．明らかにこの歴史的証拠は，呼び水政策を取りながら完全雇用が達成される前に経済回復計画を取りやめるのは，十分な効果を生まないことを示している．

これに比べて，バラク・オバマ（Barack Obama）大統領は，経済というバッテリーのあがった自動車に別のバッテリーをつないでエンジンをかけてジャンプスタートする景気刺激策を取るつもりであるといっている．明らかに21世紀の今日では，多くの人はジャンプスタートがどのようにして自動車を始動させるのかを知っているが，呼び水がどのようにして井戸のポンプを始動させるのかを理解している人は少ない．呼び水の比喩もジャンプスタートのそれもともに意味していることは，ひとたび経済に対しなんらかの刺激が与えられるならば，経済が政府から更なる援助を受けなくても自力で回復することができるのは明らかであるということである．もしオバマ政権が，経済をジャンプスタートしただけで完全雇用が達成されるまで回復策を着実

に推し進めない場合，はたして自力で回復するような状況が起こるであろうか．

　1938年半ばには，ルーズヴェルトは，公共事業のためのみならず予想される戦争に備えた再軍備の開始のために，巨額の赤字支出を再開した．1940年には，GDPは，ルーズヴェルトが大統領に就任した1933年当時より63％も大きく，1人当たりGDPは55％も増加し，また公式の失業率は10％以下に低下していた．ルーズヴェルトのニューディールの期間（1933-40年）における平均経済成長率は，1937年の景気後退がこの平均成長率を引き下げたにもかかわらず，推計年率5％を超えていたのである．

　1940年11月にルーズヴェルトは大統領に3選され，1941年に米国は戦争に突入した．国家債務を増大させることの懸念は捨て去られた．重要なことは，戦争に勝ち敵を打ち負かすことであって，国家債務の大きさを制限することではなかったからである．戦争期間中はGDPが1,140億ドルから2,210億ドルにまで急増したが，（GDPの14％から31％に相当する）200億ドルから550億ドルもの年間予算赤字を招くこととなった．第2次世界大戦の終結時には，国家債務はGDPの119％に相当するまでになっていたが，他方で失業率は2％以下に低下していたのである．

　世界大戦による巨額の赤字は，敵を打ち負かしたのみならず，米国における真の繁栄と完全雇用を取り戻したのである．これらの事実は，民間部門の購入者が産業の生産することのできる財やサーヴィスに貨幣を支出することを拒否しているため，経済が厳しい景気後退や不況に陥っているとき，政府は，結果として国家債務がどのような大きさになるとしても，完全雇用と繁栄を達成するのに十分なほどに民間企業の生産する財やサーヴィスへの需要を増加させるのに必要などのような額の支出をも行なう義務を負っているのみならずそうする能力も持っているという，ケインズの考えの正しいことを立証している．政府は繁栄を取り戻すためにつねに最後の支出者として行動できるというケインズの考えの論理的根拠は，第4章で説明することとする．

## 第2次大戦直後の「ケインズ的」経済学の誤用

　不幸なことに，しばしば自らを「ケインジアン」と称した第2次世界大戦直後の経済学者たちは，ケインズによって主張された論理的に一貫した革新的な理論的分析と哲学を理解していなかった．したがって，当時の経済学の専門書や通俗的な経済学の教科書の中でケインズ主義と呼ばれたものは，補論で説明するように，ケインズ以前の古典派の19世紀型自由市場論の現代版にすぎなかったのである．この誤用された「ケインズ的」分析は，19世紀および20世紀初頭の古典派理論とちょうど同じように，失業を，高めに固定された賃金と独占企業による価格設定のせいにしていた．両者の議論の唯一の違いは，前者が多少のケインズ的な用語と政策処方箋で飾り立てられていたということだけである．

　ケインズの主張をこのように曲解する中で，失業は最終的には次の3つの原因によるとされたのである．

1. 働きたいと思うすべての労働者に対し職を生み出すようなより低い賃金，経済学者が市場清算賃金と呼んでいる賃金を受け入れるのを拒否する労働組合と労働者．
2. 市場清算的な賃金と想定される水準よりも高い最低賃金を法律により制定する政府．
3. 自らの生産物に対して競争的市場価格と思われる水準よりも高い価格を要求する独占企業．

　もちろん古典派の理論家たちは，もし労働者が市場で決定される賃金——それが如何に低いものであっても——を受け入れるのを拒否するならば，あるいは独占企業が自らの生産物に対してあまりにも高い価格を課すならば，自由競争市場の働きは阻害されるであろうと，つねに論じていた．古典派理

論が主張したのは，労働者が賃金の下落を好まず独占企業が価格を非競争的な高い水準に固定・維持しようとすることが，「自由な」市場によるその魔力の発揮を妨げるであろうということであった．古典派理論は，問題の発生を誰かのせいにする典型的な論法で，どのような永続的な失業も完全雇用を確実にするような市場で決定される賃金率を受け入れるのを拒否するという労働者の反抗のせいであると，つねに示唆していた．

もしこのような誤った考えが正しいとすれば，失業問題の解決策は，独占を解体し，労働組合を解散し，政府に法律によって最低賃金を定めるようなことを止めさせることになるのかもしれない．これらの偽りのケインジアンたちは，そのような解決策を勧めたわけではなかった．むしろかれらは，高い水準に固定された賃金や価格の下でさえ市場に売りに出されたすべてのものが買い取られてしまうまで，賃金や価格の固定性にもかかわらず需要を拡大するのに十分なほどに支出を増加させることを唱道した．

しかしながらケインズは，失業が好況期よりも不況期においてより大きく顕著に増加すること，したがって失業の原因となっているのは労働者の反抗ではないことを承知していた．ケインズは，「労働者は好況よりも不況においていっそう強硬であるということはない——そのようなことはけっしてない．また彼らの物的生産力が不況においてより低いということもない．これらの経験的事実は，古典派の分析の妥当性を疑うに足る明白な根拠である」[8]と指摘しているが，その古典派の分析においては，ケインズとは異なり，失業率の上昇に直面した労働者は働きたいと思うすべての者が職を得ることができるのを確かにするような賃金を設定する自由市場の働きに断固として反抗するであろうと主張されているのである．

ケインズは，失業の基本的原因が，完全雇用を確かなものとする自由市場の働きを妨げるような賃金・価格の固定性にあるのではないと主張した．ケインズの新しい考えは，失業の原因を賃金・価格の硬直性のせいにするのではなく，失業が発生するときその原因は，貯蓄者が自分の貯蓄を蓄えておくために用いる資産としてより流動性の高い金融資産を需要しているという事

実と関係しているということであった．失業の問題は，金融市場の働きと貯蓄者の貯蓄動機の中に探し求められるべきであったのである．

　この議論を考慮に入れると，これら戦争直後のケインジアンの説明が，たとえかれらが自分たちの主張を売り込むために「ケインジアンの経済学」という名前を利用していたとしても，実際はケインズの分析とは相容れないものであったことは明らかであるはずである．

## 銀行業および金融市場に対する規制の必要性

　1929年10月の米国株式市場の大暴落後，米国の銀行の5分の1が倒産した．国民も政治家も，大不況の基本的原因が，1920年代に銀行が関与し他者にも勧めた金融市場投機であると信じた．1932年から，米国上院の銀行および通貨委員会（Committee on Banking and Currency）は，暴落の考えられる原因に関する公聴会を開催した．これらの公聴会から分かったことは，20世紀の初期に，個人投資家が，有価証券の購入者にではなく銀行にだけメリットがあるような有価証券を引き受けその販売を促進して利益を稼いだ銀行によって，深刻な損失をこうむったということであった．公聴会の結論は，1929年の株式市場暴落のおもな原因が，1920年代に銀行が証券の引受業務と個人投資家へのその販売促進活動を大幅に強化したという事実にあるということであった．その結果，1933年に議会は，銀行制度と秩序ある証券市場に関する，法制上の改革であるグラス–スティーガル法を可決した．

　グラス–スティーガル法は，銀行が証券を引き受け，その販売を促進することを禁じた．金融機関は，単純な貸付銀行となるか引受業者（投資銀行や証券会社）になるかの**業務の選択**を行なわなければならなくなったのである．この法律は，これら2つの金融活動の間に法律上の障壁を設け，連邦準備制度に銀行行動に対するより大きな監督権限を与えるものであった．（後に述べるように，グラス–スティーガル法が1999年に骨抜きにされたとき，住宅ローン担保証券（mortgage-backed security, MBS）やその他の有価証券の

銀行による引受けと販売が大々的に拡大されたが，このことが，2008年の株式市場の衰退と今日の金融危機の到来を早めたものと思われる．)

　グラス-スティーガル法の結果，数十年の間，銀行が組成した住宅ローン債権は転売できなくなった．住宅ローン債権は，流動性のない資産となったのである．もともとの貸付を組成した銀行は，その住宅ローン貸付債権を融資契約期間中自らのバランスシートに計上しておかなければならないことに気が付いた．もし借り手が破産するならば，貸し手の銀行は抵当権実行の費用と予想される損失を負担せざるを得ないであろう．そこで，もともとの貸付を行なう銀行は，住宅ローンを貸し付ける前にそれぞれの借り手の3つの特性，すなわち担保，既往取引実績および評判を徹底的に調査するようになった．さらに，住宅ローン貸付銀行は，借り手が上述の3つの特性について高い格付を得ているとしても，経済的に困難な時期に遭遇して破産せざるを得なくなった場合の緩衝剤として，相当額の頭金を借り手に要求するのが通例となった．

## 銀行制度および金融市場の規制緩和：自由市場論への回帰

　1970年代に入ると，ケインズの主張を誤用した見方は，その輝きを失い始めた．このようなケインズの誤用版の衰退は，経済学に関する公の議論にある空白状態を創り出した．経済学者のフリードマンは素早くこの機に乗じて，公の討論の場で古典派経済学の考えを積極的に主唱した．フリードマンの主張は，もしわれわれが大きな政府の規模を縮小し，ルーズヴェルト政権時代に制定され自由な市場の働きを制限してきた規則や規制を取り払ってしまうならば，大きな政府が障害となってなし得なかったやり方で経済に繁栄をもたらすことができるであろうというものであった．

　銀行業の規制緩和は，証券会社が，伝統的な銀行業務と競合する，小切手振り出し可能な高利子率の短期金融市場連動型預金勘定を提供し始めた1970年代に始まった．一般大衆は，この証券会社による銀行業務へのささ

やかな侵入を褒めたたえた．なぜなら，人びとは，政府機関によって預金の保護されている規制された銀行で得られる預金利子よりも，わずかながらより高い利子をこれらの（付保されてはいない）短期金融市場連動型預金から稼ぐことができたからである．

　1980年代に，連邦準備制度はグラス - スティーガル法の解釈を見直し，銀行が総収入の5%を上限とする範囲内で証券の引受業務に携わり，銀行の小切手勘定業務に侵入してきていた証券会社と有価証券市場で競争することを認めた．1987年に，連邦準備制度は，当時同理事会議長であったポール・ヴォルカー（Paul Volker）の反対にもかかわらず，銀行に抵当証券の引受けを含むかなり広範囲の――しかしなお制約はあるが――引受業務を取り扱うことを認めた．1987年後半にアラン・グリーンスパンが連邦準備制度理事会議長に就任したが，かれは米国の銀行が，投資銀行として振る舞い株式関係をすべて取り扱うことのできる多くの場合ユニヴァーサル・バンクとされる外国の銀行と競争するのを助けるために，銀行業のいっそうの規制緩和に賛意を表わしていた．

　1996年に，連邦準備制度は銀行持株会社がその総収入の上限25%までを占めるような投資銀行を系列子会社として所有することを認めた．グラス - スティーガル法の見直しは25年にわたり12回も試みられたが，1999年に至ってついに，議会はクリントン大統領の支持を得て，グラス - スティーガル法を無効にした．議会がこの法律を無効にする数日前の1999年10月25日付『ウォールストリート・ジャーナル』に掲載された記事の中で，共和党上院議員のフィル・グラム（Phil Gramm）が，シティグループのロビイストに次のように言ったと報じられている．「すぐサンディ・ワイル（Sandy Weill）［シティグループの会長］に電話しなさい．そしてかれに，ホワイトハウスに電話してかれらに行動を起こさせる働きかけをするよう，伝えなさい．」でなければ，議会はその法案を無効にしないだろう．グラムの警告後まもなく，大統領はその法律の廃止を支持したのである．議会がその法律を無効にしたすぐ後に，クリントン政権の財務長官であった（前投資銀行幹部

の）ロバート・ルービン（Robert Rubin）は，シティグループのトップの地位を受けたのである．

　ひとたびグラス‐スティーガル法が骨抜きにされるや，本来の貸付業務とその貸付債権の引受業務との間の法律上の障壁はなくなってしまった．住宅ローン貸付銀行には，潜在的な住宅購買者（サブプライムの借り手，すなわち旧来の住宅ローン融資銀行の設定する3つの特性という条件を通常なら満たしていない〔信用度の低い〕借り手をも含む）を探し出しかれらに住宅ローンを提供することで，どうやら無制限に利潤を獲得できるチャンスが生み出されたのである．初めに融資した銀行は，通常30日以内にその住宅ローン貸付債権を引受業者に有利に売りさばくことができたし，あるいは自らが引受業者となってその住宅ローン債権を一般大衆に販売する業務に携わることもできたのである．引受業者は，多くの住宅ローンをまとめてひとつの住宅ローン担保証券（MBS）とし，その信用度によって切り分けられた部分（MBSの中の優先順位をつけられた各部分）をいろいろな階層の国民に販売するのがつねであった．これら住宅ローンの組成者たちは，借り手が第1回目の月のローン返済さえできれば，借り手の債務不履行を恐れる必要はほとんどなくなったのである．

　住宅ローンの最初の組成者たちは，融資を受ける資格の十分ある借り手を見つけることができないとき，所得を稼ぎたいあまり，住宅ローン債権を転売し組成手数料を取得し続けるために，信用度の低い（サブプライムの）借り手を積極的に探し出そうとするようになった．また，住宅ローン組成者たちが，借り手に住宅ローンを受ける資格があると見せかけるため，借り手についての情報（ないし誤った情報）を提供する際に，詐欺的行為をはたらく場合も少なくなかった．そうこうしている裡に，住宅ローンの借り手，特にサブプライムの借り手や偽りの情報を使って融資を受けていた借り手たちは，その元利金返済義務を怠り始めた．もちろん，これら債務不履行に陥った住宅ローンの借り手のほとんどは，おそらく旧来の住宅ローン貸付銀行の設定した3つの特性という条件を満たしていなかったものと思われる．

第 2 章　21 世紀最初のグローバル経済危機を引き起こした思想と政策　25

　このようにして（サブプライム）住宅ローンが組成され，それらが引受業者である投資銀行に売却されたが，投資銀行はそれらを他の住宅ローンと混ぜ合わせひとまとめにして，債務担保証券（CDO）と呼ばれる金融資産とか，投資運用会社（SIV）の扱う特殊な金融資産とか，その他収益源が最初に実行された住宅ローンであることには変わりはないものの，少数の専門家にしか分からないような複雑な金融資産とかを，生み出した．そしてこれらの金融派生商品を信用度に応じて切り分けた各部分は，警戒心の薄い年金基金，地方・州の税収ファンド，個人投資家および国内・海外の他の銀行に売却された．投資家は，これら派生商品が，キャッシュフローを生み出すはずのどのような住宅ローンによって組成されているのかを知らなかった．それどころか，投資家は，これらの複雑な金融証券が民間の格付機関から得ていた高い格付に惑わされて，それらが安全な投資であると信じたのである．

　投資家たちは，これらの住宅ローン担保証券に対しどのような現実の実物資産が担保として提供されているのかについて不確かな知識しかもっていなかったにもかかわらず，それらの証券の購入に巨額の資金を投じたのである．流動性のない種々雑多な資産（例えば，市場性の低い住宅ローン）を混ぜ合わせひとまとめにした複雑な金融証券にした上でそれを単純に分割する〔縦に切る〕か，信用度に応じて横に切り分けるかした各部分を投資家に販売するという手法は，「金融の証券化（securitization）」と呼ばれる．この証券化が，どのようにして，世界経済に広く伝播された信用危機を生み出したのかは，第 6 章で説明される．

　21 世紀の初頭以来，この住宅ローンを証券化する手法は，2006 年の初めに住宅価格を歴史的な高値にまで押し上げた住宅バブルを金融面から支えるのに役立った．2007 年 12 月 14 日付『ニューヨーク・タイムズ』の記事の中で，同紙特集ページの執筆者でありノーベル賞受賞者のポール・クルーグマン（Paul Krugman）は，バブルを住宅価格が家賃ないし所得と比べた「正常比率」を超えている状態と定義した．2007 年 12 月には，住宅差し押さえが加速的に増えており，空き家の数が劇的に増加しつつあった．このこ

とは，現在居住されている住宅の価格に下押し圧力を掛けることになり，住宅価格は急速に低下し始めた．クルーグマンは，自分の書いた記事の中では，しぼんでいく住宅バブルによって引き起こされた苦境を緩和するために政府が取りうるどのような救済策も示唆しなかった．かれは，人びとの所得と比べた住宅価格の正常比率を回復するために約30％の住宅価格の低下を見るまで，住宅市場が住宅価格を引き下げることによって問題を解決するであろうと書いた．クルーグマンの推定する30％の住宅価格の下落は，人びとの所有する住宅の総資産価値が，2007年12月時点の評価から約6兆ドルも減少することを意味したのである．ケース/シラー住宅価格指数によって計算してみると，2008年10月において，住宅価格は，その2006年のピークよりまだ約23％しか低下していないことが分かる．

　そのような住宅価格の急激な下落によって，借金で住宅を購入した多くの人たちは，自分の純資産がマイナスであることに気がついた．すなわち，自分の住宅ローンの残高が，自宅が売れれば得られるであろう市場価格を超えているという，支払い能力不足の問題に直面していたのである．クルーグマンは，このマイナス純資産の問題に対する手っ取り早い解決策などなく，市場が混迷した住宅事情を一新するには「数年を要する」であろうと指摘している．

　米国の多くの州においては，住宅ローンはノンリコース・ローン（不遡及型ローン，すなわち，債務不履行から差し押さえられてしまった後は，その抵当権実行で得られた処分代金が住宅ローン残高に満たなくとも，その不足額について借り手は返済の責任を問われることのないようなローン）である．もしクルーグマンの住宅価値30％下落の推定がかなり正確なものであるとするならば，1,000万もの世帯が，マイナスの純資産に陥る可能性があり，破産したいという強い気持ちを持つことになるであろう．多数の住宅所有者が差し押さえの過程で自らの住宅を失い，住宅ローン担保証券への投資家たちは巨額の損失をこうむることであろう．

## 住宅所有者資金貸付公社

　歴史を学べば，今日の住宅バブル問題を解決する糸口を得ることができるかもしれない．というのも，ルーズヴェルト政権が1930年代の住宅関係債務不履行の危機をどう取り扱ったのかは，2007年に始まった米国住宅バブルの災難に対処するための前例を指し示してくれているからである．1933年に，米国議会は住宅所有者リファイナンス法（Home Owners Refinancing Act）を可決し，同法に基づき住宅所有者資金貸付公社（Home Owners' Loan Corporation, HOLC）が創設された．HOLCの主たる役割は，住宅差し押さえの実行を防ぐため住宅借入金の低利借り換え融資を行ない，住宅ローン貸付債権を保有している銀行を緊急に救済することであった．

　HOLCは，すばらしい成功例であった．その業務計画は，しばしばもともとのローンの返済期限を延長し月々の返済額を住宅所有者が支払えるような額に大幅に減らすような，低利融資を百万件実行することであった．どのように合理的に返済条件を改定しても，住宅所有者に住宅ローンを維持できる経済的余裕がない場合には，HOLCがその資産の所有権を取得し，それを以前の住宅所有者に1カ月単位で賃貸することとしその賃料を前所有者が支払いうるような水準に設定したのである．このようにして，HOLCは，住宅を空室のままに置くことを避けることができ，劣化や考えられる破壊にさらさずに済むと安心していられたのである．HOLCが，その住宅を，移り住みたいという家計に売却できたとき，前賃借人は引越ししなければならなかった．HOLCは，1933年から1951年までの業務執行期間中に，すべての借金を返済したばかりでなく，若干の利益をも生み出すことができたのである．

　政府が企ててもよいと思われるもうひとつの方策は，返済が滞っている住宅ローンやその他のいわゆる有毒資産を，民間のバランスシートから簿外に落とし，それによって格付機関に誤り導かれて住宅ローン市場で売買を行な

ってきた投資家にとっての破産の脅威を取り除くような，ある政府機関を設立することである．そうすることは，すべての金融市場で金融的苦境を引き起こす恐れのある更に深刻な投げ売りを阻止することになるであろう．

歴史は再び，そのような方策が経済危機を防ぐという証拠を提供してくれている．例えば，1989 年に米国政府によって設立された整理信託公社（Resolution Trust Corporation, RTC）は，1980 年代の貯蓄貸付組合（S&L）の経営危機を受けて，同組合のバランスシートから，利払い不履行の住宅ローンを取り除き，金融面での損失がいっそう広がるのを阻止したのである．

不幸なことに，住宅バブルの混乱が 2007 年にはじめて明らかになったとき，議会はそれの解決を手助けするのに必要な政府機関を創設するという速やかな行動を取らなかった．ワシントンの当初の反応は，「解決を市場に委ねる」というものであったが，このやり方は，クルーグマンによって，解決に数年を要するとされていたものである．しかも「市場に委ねる」という解決策は，（例えば，住宅差し押さえが盛んに行なわれている地区の住宅所有者や，建設および関連産業の労働者や企業など）多くの罪のない経済的被害者に副次的な損害を与えてきたし，今後も与え続けるであろう．

## 大不況の歴史の教訓

最近の経済危機は，適切にも大不況以来の最も深刻な経済問題であると評されているので，不況時代の歴史を学ぶことから得られる教訓は，それらがどのように現在の状況に当てはまるのかという観点から，判断されるべきであろう．政府は，営利企業の生産物に対する市場の需要を増加させそれによって企業により多くの雇用機会を創出するよう促す利潤獲得の機会を生み出すことによって，現下の不況からのできるだけ早い回復を確かなものとする上で重要な役割を担っている．この役割のために政府にとって必要なことがただ，回復を始動させるための若干の呼び水ないしジャンプスタートだけである，という考えは拒否されなければならない．財政赤字や総国家債務の大

きさにさほど心配することなく，力強く永続的な回復を確実にするような財政支出政策をとることが，最も肝要である．

　ひとたび力強い回復が定着したのち，行政府は，市場における行動を真の文明社会を生み出すような行動のみに限定するため規則・規制の面でどのような改革が必要であるのかを，決断しなければならない．

# 第3章

# 将来を「知る」ために過去のデータに頼ること
## 資本主義システムについての古典派の考え

　聖書の時代以来，人類は自分の身の回りの世界となにが物事を引き起こす原因なのかを理解しようとつとめてきた．一般に，人間の理性は，われわれが目撃するどのような事象にも原因があるに違いないと信じている．

　人類の歴史のほとんどの間，経験の世界で起こっているどのような事柄の原因も神の意志であると信じられてきた．17世紀に入って，哲学者の中に，人びとが目撃する事象の説明は宗教的信念というよりはむしろ，理性の推理力を基礎として展開されうると信じる者が現れた．これは，歴史家が**啓蒙思想**ないし**理性の時代**と呼ぶ知的活動の始まりであり，そこでは秩序や規則性は，人間による観察される現象の分析から生ずるとみなされることとなった．理性の力は，真理をあるがままに受容することにあるのではなく，真理を積極的に探究し獲得していくことにあるとされるようになったのである．

　人間が知覚する世界についての理解は，ある程度はつねに人間の理性の創造物である．推論には，人びとが身の回りで起こっている事象を説明するための理論を創り出す理性を必要とする．例えば，アイザック・ニュートン (Isaac Newton) 卿は，りんごが木の枝から地面に落下するのを目撃し，なぜりんごがいつも地面に落下するのかを説明するための重力の理論を考え出した．チャールズ・ダーウィン (Charles Darwin) は，さまざまな種が生息している地球を説明するために進化論を展開した．またアルベルト・アインシュタイン (Albert Einstein) は，時空の連続性を説明するために一般相対性理論を提供した．今日の社会においても，ある事象が起こるのは依然とし

て神の意志によるとする宗教的信念の持ち主が存在するが，世の中のほとんどの人は，事象についての理解が科学的理論の展開とともに深まると信じている．

理論というものは，人間がいくつかの公理を出発点とするモデルを基礎にして実世界で観察される事象を説明する手段である．公理とは，証明される必要のない普遍的真理として受け入れられている仮説のことである．理論家たちは，この公理を基礎として，われわれが経験の世界で目撃する事柄を説明する結論に到達するために，推論の法則を用いる．一般にすべての理論は，なんらかの仮の状態にあるものと解釈される．理論はけっして最終的な形で確立されているものではないとされるのである．

経済理論は，経済理論家たちが自明の真理とみなすいくつかの公理から出発してひとつのモデルを構築する分析上の工夫である．そして論理的推論の手段はひとつあるいはそれ以上の結論に到達するために用いられる．これらの結論は，経験の世界で起こっている経済的事象の説明として，公衆に提示される．そこでは理論は，どのような現実世界の経済問題に対する解決策をも提案するのに用いられうるのである．

現在，資本主義経済の動きを説明しようとする，基本的に相異なる2つの理論，すなわち古典派の経済理論と企業家経済についてのケインズの流動性理論がある．前者の理論である古典派理論はしばしば，効率的市場理論とか新古典派経済理論とか主流の経済理論とかと呼ばれている．この分析体系が唱えるスローガンは，政府の自由市場への介入はつねに経済的問題を引き起こすが，自由な市場ならどのような経済問題をも解決できるというものである．言い換えれば，自由市場は解決策になるが，政府介入の経済政策には問題が多いということである．

古典派理論を論理的に突き詰めていくと，政府はけっして自由市場経済の運行を妨害すべきではないとする自由放任の考えになる．

後者の理論である，企業家経済についてのケインズの流動性理論は，政府には，**民間企業と家計の協力を得る限り**，貨幣を使用する市場志向の資本主義

経済の動きに内在する経済的欠陥を是正する能力があるということを論証している．

本章においてわれわれは，古典派理論の基礎となっている公理について説明し，どのような政策が現下の経済・金融市場危機からできるだけ早く経済を回復させるのに役立ち，われわれ自身やわれわれの子供たちのために文明化され繁栄している資本主義経済を確保することができるのかについての古典派の考え方に有用性があるのかどうかを吟味することとする．

第4章においてわれわれは，現代の資本主義経済の動きに関するケインズの理論や考えを，同じように吟味する．われわれの経済システムがどのように運行しているのかについてこれらの代替的な理論を比較することは，現下の重要な経済問題を解決するためにわれわれの政府のリーダーたちが唱道するさまざまな経済政策に読者が判断を下す際の助けになることであろう．

経済理論を吟味する最善の方法は，理論家をあたかも観客を巧みにだます手品師であるかのように考えることである．プロの手品師がトランプの奇術を演じているときに，トランプの束を誤って落とすようなことはめったにないのと同じように，理論家は公理から結論に至る際に論理的誤りを犯すことはめったにないのである．今日の主流派の経済理論家たちは，政府の介入がすべての経済問題の自由市場による解決を妨げるという政策的結論に到達する複雑な数学的モデルを作り出すことに長けている．

論理に誤りがない場合，どのような理論の公理もその結論を確定することができる．したがって，ある経済モデルから導き出されたどのような政策の妥当性を評価する場合にも，そのモデルの基礎をなしている公理を注意深く吟味すべきであろう．もしモデルの基礎をなしている公理が，明示的にか暗黙のうちにか，認められているならば，そのモデルから導き出された政策は非難できない．もちろん実際には，ほとんどの素人の人びとや多くの経済学者さえ，リスク管理や経済の将来予測に用いられている今日の高度に複雑な古典派の数学的経済モデルの基礎に仕込まれた，信じがたいような公理については，全く無知といってよい状態にある．

関心のある一般庶民，投資銀行家，企業経営者および政府の高官には，どのような経済学者のモデルの出した結論をも，現状を正しく叙述しており，したがってわれわれの住んでいる，貨幣を使用する市場志向の企業家システムに当てはまるものとして受け入れる前に，モデルの基礎をなしている公理をつねに吟味し批判する心構えがなければならない．はたして基本的公理——経済分析がその上に構築されている基礎として用いられているもの——は，われわれの住んでいる経済世界に当てはまるものなのだろうか．もし公理が今日の世界の現実的な説明として受け入れられないとするならば，大衆はその理論から導き出された政策的結論を拒否するに違いない．

そこで，自由市場が今日の経済問題を解決できる効力に関する，主流の古典派理論家の意見表明の根底にある基本的な「普遍的真理」を吟味することから始めることとしよう．

## 古典派理論による不確実な将来の取り扱い方

時間とは，すべてのことが同時に起こらないようにする工夫である．今日なされた経済的意思決定は，数日後，数カ月後あるいは数年後の将来においてしか評価できない結果を生み出すであろう．上述の古典派理論とケインズ理論との間の——唯一ではないが——基本的な違いは，今日の意思決定のもたらす将来の結果についての知識をどのように扱うかにある．本質的に古典派理論は，今日の意思決定者がなんらかの方法で将来の成り行きについての知識を持つことができるしまた持っていると想定している．したがって，市場が解決しなければならない唯一の経済的問題は，今日においてそして将来の時点において，最も価値の高い結果をもたらすように資源配分することである．

これとは対照的に，ケインズの流動性理論では，意思決定者は，今日なされたある重大な経済的意思決定の将来における結果を知らないしまた知ることもできないことを「知っている」と想定されている．したがってこの理論

は，資本主義経済システムが，意思決定者に，資源配分の意思決定をしながら不確実性に対処し夜安心して就寝することを可能ならしめるような制度をどのように創り出しているのかを，説明している．

　古典派経済学の唱道者たちは，自由市場が効率的であると信じている．古典派の効率的市場では，購入や販売の意思決定をする前に，すでに起こった事象の確率のみならず**将来起こるであろう事象の確率に関しても信頼できる情報**を収集し分析する，多くの合理的意思決定者が存在すると，想定されている．効率的市場においては，過去と将来についての重要な情報が，意思決定者にとってたやすく入手でき，この情報に基づいて意思決定者は最適の選択をするとみなされている．

　前財務長官でオバマ大統領の経済顧問である，ローレンス・サマーズ（Lawrence Summers）は，「[効率的市場の] 究極の社会的機能は，リスクを分散し，希少資本の投資を誘導し，さまざまな取引人によって所有されている情報を処理し広めることである．……価格はつねに基本的価値を反映することになるであろう．……効率的市場の論理には説得力がある」[1]と述べている．

　今日なされる意思決定は将来のあるときに結果を生むことになる．ほとんどの生産された財やサーヴィスは作り出すのに何らかの時間を要するから，営利企業は，将来のある時点で初めて販売され引き渡されその代金を受け取ることのできる製品を生産するために，今日雇用と生産の意思決定をしなければならない．さらに，新しい機械設備への投資を計画している営利企業は，その設備の耐用年数を通じて製品を生産することによって，この投資が挙げることのできる潜在的な利益を評価しなければならない．この「耐用年数」は，しばしば将来に向けた数年間，ときには数十年間にさえなることもある．

　私利を追求する購買者の場合，今日これからないし将来の予定された時点（または諸時点）で引き渡しを受ける消費財やサーヴィスの購入でさえ，そのような購入が，今後の引き渡し時点において自分にとってどのような効用があるのかを評価する必要があるであろう．もし市場が，効率的であり，サ

マーズにより自由市場に備わっていると主張されるような社会的機能を果たしうるのならば，買い手も売り手も，将来起こるであろうすべての考えられる結果の最終的評価を知っていなければならないであろう．

　株式・社債市場のような金融市場が効率的であるためには，人びとは営利企業が所有している基本的な機械設備から得られる将来の収入や利益を「知って」いなければならない．もし読者が金融市場は効率的であると信じているのなら，これらの将来の収入や利益は，金融市場で取引される有価証券の今日の価格を決定する，サマーズのいう「基礎的諸要因（fundamentals）」ということになるであろう．

　先の2世紀の間，アダム・スミス（Adam Smith），デイヴィッド・リカード（David Ricardo），ジョン・スチュアート・ミル（John Stuart Mill）およびアルフレッド・マーシャル（Alfred Marshall）のような経済学者は，市場参加者が将来の成り行きについての完全な情報を所有しており，したがって自由市場において，すべての市場参加者がつねに自分自身にとって最善の利益となるような正しい意思決定を行なうであろうと想定していた．明らかに，将来の成り行きが前もって知られているという想定自体はばかげたものである．にもかかわらず，この考えは，自由市場において貸出機関が自己の利益を追及する結果，自ずとその経営陣に，株主の純資産が保全されるような取引を行なわせることになるであろうとの，（第1章で言及された）グリーンスパンの信念の根底にあるものである．この考えはまた，ロナルド・レーガン（Ronald Reagan）大統領の「どうしてワシントンにいる官僚たちが，あなたよりもあなたの所得の使い方についてより分別があるなどといえるのか？」という，課税反対の弁舌巧みな問いかけの背後にあると思われる．なにしろ，もしあなたが将来の成り行きについて「知っている」のならば，将来起こりうるどのような不都合な事象からも自分と自分の家族を守り，金融市場への証券投資に関する自らの意思決定によって，自分の余生を快適に過ごすのに十分な退職後の所得を自分で確保することができるはずだからである．明らかなことだが，もしあなたが将来の成り行きについて知っており自

分自身の利益のために行動する限り，わざわざワシントンの官僚たちに，あなたの所得から税金を取り立ててもらい，それを身に何が起ころうとも支給される基礎的な社会保障年金所得として，あなたやその他の退職者に支給してもらう必要はないであろう．すべての人が将来の成り行きについて知っているとされる古典派の世界においては，私利をはかるすべての人は，政府の社会保険基金運用管理者よりも，自分の将来の退職後所得のためによりよい計画を立てることができるはずである．

　今日の古典派の効率的市場モデルはすべて，将来の成り行きは知られているというこの想定を，何らかの形で基礎においている．古典派理論の主張するところによれば，将来の結果の価値を知るという問題を解決済みと想定しているので，唯一重要な経済問題は，今日の経済的意思決定が，将来生じたときに最も高い評価が得られるような結果を生み出せる資源配分を確実にもたらすようにすることとなる．もしわれわれが，私利をはかる意思決定者は将来の成り行きについて確実に「知っている」という想定を受け入れるならば，自由で競争的な市場でなされるかれらの意思決定は，可能な限り最善の資源配分をもたらすことになるであろう．

　経済学者たちは，効率的市場の働きに関する理論モデルを作り出すことに多くの歳月を費やしてきた．それぞれのモデルは，今日の経済的意思決定者が将来の結果をどのようにして知ることになるのかを記述するための少しばかり異なったメカニズムを持っているといえるかもしれない．例えば，アロー＝デブリューの一般均衡モデル（ケネス・アロー（Kenneth Arrow）とジェラール・デブリュー（Gerard Debreu）は，ともにノーベル賞受賞者である）は，ワルラスの一般均衡モデルといわれた19世紀の効率的市場モデルを精緻化したものである．これらの一般均衡分析モデルは，経済諮問委員会や連邦準備制度のような最も権威のある機関で用いられている，現代の複雑・精緻で数学とコンピューターを駆使した経済モデルの基礎となっている．

　この一般均衡分析が想定していることは，将来の各時点で引き渡される予定のすべての財およびサーヴィスを売買することを市場参加者に可能にする

ような市場が，今日存在するということである．したがって，検討の対象となっている期首に，すべての市場参加者は，今日の引き渡しのみならず**期末に至るまで**の将来の各時点での引き渡し予定のすべての財・サーヴィスおよび金融資産の売買取引についての意思決定をすることができると想定されている．この複雑な数学的モデルは，極端に概念化を推し進めた結果，次のようなことを意味するようになっている．すなわち，今日のすべての意思決定者は，自分がどういう財やサーヴィスを，今日，明日，そして自分の生涯の残りの期間のあらゆる時点で，市場において需要あるいは供給しようとしているかを知っているばかりでなく，自分の孫やひ孫やすべての将来の後継者が将来への数十年や数世紀にわたってなにを売買したいと考えているのかを，「知っている」ということである．したがってかれらはまた，これらの将来の世代のために，将来のすべての時点での販売あるいは購入の契約を今日締結することであろう．

この古典派理論モデルが高度に数学化され抽象化されているため，古典派の理論家たちは，その基礎をなしている信じがたいような公理，すなわち今日の意思決定者が世の終末までの将来の成り行きについて知っているという公理を忘れさせることに成功している．

今日の主流派の古典派経済学者の多くは，世の終末までのあらゆる将来の時点向けのすべての考えられる財やサーヴィスのための1組の完全な市場が存在するという，アロー＝デブリューの想定は，不可能であることを承知している．にもかかわらず，かれらは，現実の世界において，将来のすべての時点に対応する1組の完全な市場など存在するはずがないと認めつつも，依然として自由市場の効率性を信じているのである．自分たちの効率的市場の結論を守るために，これらの経済学者たちは代わりに，今日の市場参加者は，今日なされた意思決定が将来にもたらすと考えられるすべての結果に関して「合理的期待」をもっていると想定している．この（ノーベル賞受賞者のルーカスによって展開された）合理的期待理論が主張しているのは，ともかくも今日の意思決定者は，すべての考えられる将来の結果を支配する確率に関

する統計的に信頼できる情報を所有しているということである．

　分析技術的な観点からすれば，統計学者なら，ある母集団の特性についての信頼できる確率情報を算出しようとする分析者に対しては，その母集団から無作為標本を抽出するよう要求することであろう．したがって，将来に起こりうるすべての市場結果に関する信頼できる情報を獲得するためには，母集団としての将来から抽出された標本を得なければならない．そうすれば今日の合理的意思決定者は，すべての将来の結果を支配する確率分布についての統計的に信頼できる情報を算出するために，将来から抽出されたこの標本を分析することができるのである．もしそのような統計的に信頼できる将来についての情報が将来から抽出されたこの標本から容易に得られるのならば，意思決定者は，将来の結果についての不確実性を，将来についての客観的な確率的リスクで表わされた保険数理的な確実性に変換できることになる．

　将来という母集団から標本を抽出することは不可能なので，効率的市場論者たちは，すでに存在する過去や現在の市場データから算出された確率が，将来存在するであろう市場から抽出した標本をもとに算定した確率と等値であると推定している．言い換えれば，過去の統計からの確率的リスクの算定が，将来からの標本が得られれば行なえたであろう算定と同等であると仮定されているのである．

　過去からの標本データが将来からの標本データに等しいという想定は，**エルゴード性の公理**（the ergodic axiom）と呼ばれる．このエルゴード性の主張を援用する学者は，エルゴード性の公理が経済学者のモデルの一部分になったとき**はじめて**，経済学が物理学や天文学のような「ハードな科学」になりうると論じている．第2次世界大戦後のケインズ主義の創始者と目され1970年にノーベル経済学賞を受賞したポール・サムエルソン（Paul Samuelson）は，例えば1968年に，もし経済学者が，経済学を歴史学の領域から取り去り，科学の領域に移したいと思うのなら，「エルゴード性の仮説」を採択しなければならない，と書いている．

　このエルゴード性の仮定は，古典派の効率的市場理論の最も重要な基礎と

なっている．将来の成り行きが知られていないならば，今日の市場参加者は，将来の時点で効率的であることが判明するような意思決定をすることができないからである．しかし第4章で説明するように，ケインズは，重大な意思決定がなされなければならない現実の世界において，資本主義システムがどのように運行しているのかについての自らの分析を展開するにあたり，このエルゴード性の公理を否定したのである．

　エルゴード性は統計学上の難解な概念であるが，わかり易く言えば，分析者たちがエルゴード性の公理を援用しているときはいつでも，かれらは，過去ないし現在の市場データから抽出された統計上の標本が将来の市場データから抽出された標本と同等であると宣言しているに等しいということである．言い換えれば，これらの分析者は，将来がたんに過去の統計的な投影に過ぎないと想定していることになる．もし——そしてそのときだけに限られるが——この公理が普遍的真理として受け入れられるならば，歴史的市場データに基づいて（リスクの）確率分布を算定することは，将来から標本を抽出しそれを分析することと統計的には同じこととなるであろう．

　投資銀行家たちが，現在自らが保有している各種金融資産の将来のリスクを評価するためのリスク管理手段として用いている，高度に複雑化したコンピューター・モデルはすべて，歴史的市場データの統計的分析に基づいている．これらの複雑な数学的モデルが過去の経験から算定したリスクの統計的確率は，将来のリスクを評価する点でとんでもない過ちを犯す結果となっている．これらのコンピューター・モデルを駆使した経営が，米国投資銀行業の2008年における急激な衰退をもたらしたのである．

　グリーンスパンは，この投資銀行業の破綻にショックを受けたと告白しているが，かれは，「それがなぜ起きたのかを依然として理解していない」．2008年秋に，財務長官のポールソンと議会が，すべてのウォール街の投資銀行の政府による救済の必要性を認め，またウォール街の銀行家たちがすすんでそのような救済措置を必要としていることを認めたことを考慮すれば，近年用いられてきたすべての危機管理用コンピューター・モデルが，2008

年にウォール街の投資銀行のバランスシートに生じた大きな災難を予測できなかったことは明らかである．いまこそグリーンスパンに，なぜエルゴード性の公理に基づくかれの知識体系がものの見事に破綻したのかを理解してもらいたいものである．

　経済がエルゴード的な過程によって支配されているという，この想定は，経済の将来の経路がすでに前もって決定されており今日の人間の行動によっては変えることはできないことを意味する．このエルゴード性の公理が他の分野においてどのようにはたらいているかを示す一例として，天文学者たちが，太陽のまわりを公転する惑星や地球のまわりを回る月の将来の軌道は，宇宙の始まりである「ビッグバン」の瞬間以来あらかじめ決定されていると主張するのを，考察してみよう．これらの天体のあらかじめ決定された軌道を変更するために人間にできることはなにもない．このビッグバンの天文理論は，天文学が「ハードな科学」であるのは，天体の将来の軌道を予測するためにエルゴード性の公理に頼っているためであることを示している．その結果，天文学の研究者は，観察によって得られた天体の速さと方向に関する過去のデータを用いることによって，次の日食が地上で観測される時期を（通常数秒以内の誤差で）正確に予測することができるのである．

　もし天文学のこのエルゴード性を基礎としたハードな科学であることが，われわれの宇宙の天体のあらかじめ決定された軌道を予測することに役立っているとするならば，米国議会が，将来の日食の起こるのを実際に妨げるような法案を，たとえそのような法案の目的が穀物生産を増やすために地上により多くの日照を得ることであるとしても，議決することができないことは明らかであるはずである．同じ理屈で，もしサムエルソンが主張しているように，経済学がエルゴード性に基づいた「ハードな科学」であるのならば，議会が，次の不況の起こるのを妨げる法律を通過させることができないのは，ちょうど次の日食の起こるのを妨げる法律を通過させることができないのと同じである．経済の将来の経路においてすでにあらかじめ決定されている不愉快な経済事象を妨げるために議会がなしうることがなにもないということ

は，モデルをエルゴード性の公理に基づかせていることの論理的に当然の結果である．行き着く先は，唯一正しい政策としての，自由放任の政府不介入政策の考えということになる．

　自分自身ハードな科学を奉じていると信じている効率的市場論者たちは，経済の将来のあらかじめ決められている経路を永久に変更してしまうような法律を議会が決議することはできないと主張しなければならない．論理的に一貫した効率的市場分析は，自由市場を妨げる政府の積極的な経済政策が，システムへの外的ショックを生み出すと示唆している．効率的市場理論の経済学者は,「外的ショック」という言葉によって，政府の政策が，経済のあらかじめ決定された経路になにかを投げ入れ，経済を一時的にその経路から踏み外させより多い失業や資源の浪費などを伴う状態に陥れるに等しいことを意味している．

　この外的ショックという考え方は，小石を投げて左右に揺れる振り子に当てる場合にたとえて説明するとわかりやすいであろう．小石を投げた当初は，振り子を通常の振動経路から気まぐれな経路に一時的に逸脱させるような外的ショックが生み出されるであろう．われわれがさらに小石を投げ続けない限り，1回の投石による外的ショックの効果は減衰してしまい，まもなく振り子はエルゴード的な重力の法則が振動を再び支配するようになるにつれて，その自然な振動経路に戻ることであろう．

　もし市場が効率的でわずらわしい恒久的な政府の規制や介入によって抑制されていないならば，政府の施策によって引き起こされたどのような外的ショックに対するこれら効率的市場の参加者の反応も，ちょうど重力の法則が小石が当たるという外的ショックの後振り子の振動を元の状態に復元させるように，経済をあらかじめ決定された効率的経路に復帰させるであろう．言い換えれば，政府の施策が経済システムにショックを与えるときはいつでも，自由市場への合理的参加者による行動が，（メロン財務長官の格調高い言葉遣いを用いれば）「この体制から不健全なものを」一掃することによって，ある期間（長期間）の経過後，システムをあらかじめ決定された効率的経路

## 第3章　将来を「知る」ために過去のデータに頼ること

に引き戻すであろう．

したがって，例えば，政府が，すべての労働者に少なくとも最低限の賃金を保証する法律を制定し，たとえ失業労働者が飢え死にするくらいなら最低限より低い賃金ででも働きたいと思ったとしても法定最低賃金以下での雇用を認めないとき，民間部門における失業を創り出していることになるとはしばしば主張されるところである．同様に，もし政府が労働組合の結成を保護し奨励する法律を承認するならば，その効果は，賃金をあまりにも高い水準にまで押し上げるので，最終的に利潤機会が失われ労働者の失業が確実に増えるであろうといわれる．したがって，古典派理論によれば，政府ではなく市場こそが，どのような賃金水準が労働者の受け取るべき最低額であるかを決めるべきであるとされる．その結果，論理の一貫性を尊ぶのならば，政府は企業の最高幹部の報酬に制約を加えるべきではなく，経営者の価値の決定を市場に任せるべきであると主張する必要があるであろう．

オックスフォードの数学者であるジェローム・ラヴィッツ（Jerome Ravitz）は，『オックスフォード・マガジン』誌 2008 年春季号に掲載された「金融危機にかかわった数学に対する信仰と理性」と題する論文の中で，次のように書いている．

> 信仰という言葉は，これら現代の有能な評論家たちによって，今日の［金融危機］破局をもたらした，多次元のピラミッド・ゲームの核心に位置する数学にふさわしい言葉であると信じられている．盲目的信仰は，数学的モデルにおける質の堕落やリスク概念の濫用と相俟って，貪欲と無責任がその破壊的なやり方を存分に発揮するのを可能にした，第3番目の毒物混合体を形作っている．……数学は最初，技術にコンピューターの使用を可能にした．それから，制御が利かないほどの投機を正当化するもっともらしい定理を提供し，最後に，価値とリスクと質に関するモデルによって，架空の産物を数量的に明確化するやり方を考案した．それによって，数学は，著名な投資家のウォーレン・バフェット

(Warren Buffet)が「大量破壊兵器」と呼ぶ，比類なく毒性のあるものとなった[2]．

## 想定の現実味に関する古典派理論家とケインズのちがい

もしケインズが今日生きていたら，この効率的市場理論を，大量破壊兵器の一例と呼んだかも知れない．これほど害悪をまき散らかしたにもかかわらず，経済学者ルーカスは，古典派経済学の根底にある公理が「不自然で，抽象的，かつ明らかに非現実的」[3]であることを，むしろ誇りに思っている．またルーカスは，サムエルソンと同じく，そのような非現実的な想定こそが，経済学を研究する際の唯一の科学的方法であると力説している．ルーカスは，「経済学的思考における進歩とは，現実世界についての観察結果を言葉によってよりよく表現することではなく，抽象的でアナログ方式のより良いモデルを得ることを意味する」と主張している．この主張の背後にある根本的理由は，これらの非現実的想定が問題をより扱い易くするということである．そのため，分析者は，コンピューターの助けを借りて将来を予測することができるとされるのである．その予測が悲惨なほどに誤っていることがあるかもしれないが，そんなことは気にかける必要がない，というわけである．

何千もの変数と各変数当たりそれぞれ1本の方程式を含む，コンピューターを駆使した古典派の効率的市場理論の数学的改良版は，われわれの経済システムについてのハードな科学としての叙述として公表されており，そこでは経済システムで取引されるすべての品目の価格と生産量をある時点で一斉に決定することができるとされている．多くの経済学者にとっては，こわれた数学的な破片の下に埋もれている基本的公理を確認することすら不可能な作業となっている．さらに，コンピューターはすべての数学的計算を処理することができるという事実が，その結果にあたかも科学的真理であるかのごとき雰囲気をかもし出している．コンピューターから打ち出された結果にどうして誤っている可能性があるだろうかというわけである．

第3章 将来を「知る」ために過去のデータに頼ること

オックスフォード大学のピーター・テイラー（Peter Taylor）とロイズ・グループの MAP 保険代理店のデイヴィッド・シップリー（David Shipley）は，「おそらく間違っているのでは？──現実生活の不確実性への確率と統計の誤った適用」と題する 2009 年の論文において，なぜこれらすべてのコンピューターから打ち出された結果が誤るのかを示唆して，次のように書いている．

> そこには，うそ，途方もないうそや統計がある．……確率と統計を用いることが，適切であるとは到底考えられないような多くの問題がある．……それらは，偶発的事象をかなり斟酌しているかのような印象をわれわれに与えるが……それ以上にもっとたくさんの予期されていなかった事象が起こるのである．……もっとプラグマティックな性格の人なら，ある理論ないしある問題への適用可能性の程度のような，信頼性を表わす何らかの尺度を要求することであろう．実験室や工学のような管理された世界においては成功している予測能力が，複雑なシステムにおいてはうまく働かなかったし，しかも予測能力をもっていると言い張る理論が政策立案者たちを誤り導き，いまもそうし続けている．……確かに今日では異端の考えではあるが，われわれは，適切なモデルを全く持ち合わせていないことを白状しなければならないのかもしれない[4]．

テイラーとシップリーは，われわれが現在の経済・金融危機から次のような教訓を学ぶべきであると主張している．

> 投資家としては，自分にはすぐれた数学的モデルがあるなどという経営者をけっして信用してはならない．……経営者としては，自分のビジネス・モデルの中に予期しない事象の起こる余地を残しておかなければならない．……規制当局としては，モデルの立派さよりはむしろ現実の危機にさらされている度合いを認知できる経営者の能力に注目しなければ

ならない．……モデル作成者としては，モデルというものが目下考慮中の経済過程にとっての必ずしも適切なすべてのメカニズムを表わしているわけではないかもしれないという批判的な認識を積極的に認めなければならない[5]．

ピーター・L. バーンスタイン（Peter L. Bernstein）は，ウォール街で行なわれている危機管理手法が適切かどうかという問題を取り扱っている，ベストセラーとなった自分の著書『リスク：神々への反逆』の序文の6ページで，次のように書いている．「わたくしがこの本の中で語らなければならない話は，最後まで以下に述べる両者の間の永続的な対立関係によって彩られている．すなわち，両者の一方とは，最適な意思決定が，過去の統計的パターンによって決定された数量化と数値に基づくべきであると主張する人たちであり，他方は，自分の意思決定を不確実な将来についてのより主観的な信念の度合いに基づかせる人びとである．これはまだ解決されていない論争である．」

過去30年の間ウォール街の陰謀を支配してきた，これら「経済的宇宙の精通者たち」によって設計されたすべてのモデルが現に失敗したという事実は，少なくとも古典派理論を，その数量化と数学化の装いにもかかわらず，われわれの経済世界に適用できることに関して疑問を生み出しているものと思われる．グリーンスパンでさえ，なお自分の見解を完全に変えてしまっているわけではないが，考えを改めつつあるように見える．

ケインズの考えは，意思決定を主観的な信念に基づかせる，バーンスタインのいう後者のグループの人びとを支持している．とくにケインズは，経済的将来の不確実性が過去の統計パターンに注目することによっては解決され得ないと主張した．ケインズは，支出と貯蓄に関する今日の経済的意思決定が，将来起こりうる事象についての人びとの主観的な信念の度合いに左右されると信じたのである．次の章でわたくしは，古典派の効率的市場理論という思考様式に取って代わりうるものを提供する，ケインズの考えについて論

じるつもりである．わたくしの狙いは，ケインズの考えの方が現代の資本主義経済により当てはまるものであることを，読者に納得してもらうことである．そうなれば，現代の経済問題に対する**ケインズ・ソリューション**──われわれの子供やすべての将来の世代のために真に文明化された経済社会を作り出そうという，政府と民間企業との間の連携の合意を必要とするひとつの解決策──を展開することが可能となるであろう．

# 第4章

# 1ペニーの支出は1ペニーの所得になる
資本主義経済と貨幣の役割に関するケインズの考え

　ケインズは，『一般理論』において，次のように述べている．古典派の経済学者たちは，

> 非ユークリッド的な世界にあって，一見したところ平行な直線が経験上しばしば交わることを発見して，現に起こっている不幸な矛盾を解決する唯一の救済策として，まっすぐになっていないことの責任は線にあると非難するユークリッド幾何学者に似ている．しかし，本当は，平行の公理を放棄して，非ユークリッド幾何学を構築するよりほかに救済策はないのである．これと同じようなことが今日経済学において要求されている[1]．

　ケインズは，こうした比喩を用いて，将来の成り行きが知られている古典派の分析においては，自由な市場が完全雇用（上記引用文の「平行な直線」に対応する）を生み出すから効率的であるとされているという事実をさりげなく説いていたのである．しかし現実の世界においては，かなりの永続的な失業（「不幸な矛盾」に対応する）が発生している．したがって，まっすぐになっていないことの責任は線（「賃金」を意味する）にあると非難する古典派の経済学者たちは，労働者の失業問題の責任は，より低い賃金を受け入れないかれら自身にあると非難しているのに等しいのである．

　ケインズは，なぜこれらの失業という「矛盾」が現実の世界において発生

するのかを説明できる非ユークリッド経済学を創り出すために，いくつかの古典派の公理が現実世界の理解にとって適切であることを否定し，公理を放棄しなければならなかったのである．将来の成り行きが知られており過去の統計的投影として算出できると想定する古典派のエルゴード性の公理は，ケインズが拒否した古典派の最も重要な主張のひとつであった．

　金融市場のプロとして著名なジョージ・ソロス（George Soros）が，現実世界の金融市場に効率的市場理論の当てはまらない理由を説明していることは，注目されるべきである．ソロスは，2008年12月4日付『ニューヨーク・レヴュー・オブ・ブックス』誌に掲載された「危機とその対処法」と題する論文において，われわれは，市場行動についての，広く流布している効率的市場理論を放棄しなければならないと書いている．それよりもかれは，われわれが市場価格とその基礎をなす現実との間にひとつの関係──ソロスが再帰性（reflexivity）と呼んだもの──があることを認識しなければならないと主張している．

　この再帰性とは何を意味するのであろうか．ソロスは，1997年3月15-21日号の『エコノミスト』誌に公表された編集者への書簡の中で，経済学にエルゴード性の公理を当てはめるべきであるとのサムエルソンの主張に反対している．ソロスの主張するところは，サムエルソンのエルゴード性仮説が，現実社会の金融市場を特徴付けている「市場参加者の思惑と現実の市況との間の再帰的相互作用」を認めていないということである．言い換えれば，市場についての人びとの考えは，市場が取る将来の経路に影響を与えそれを変えることができるということである．したがって，ソロスの再帰性の概念は，ケインズがエルゴード性の公理を放棄したのに相当するといえよう．

　ケインズがエルゴード性の公理を拒否した一方で主張したことは，重大な意思決定がなされなければならないとき，意思決定者は，たんに将来の成り行きがすでに存在する市場データから算出される数量化されたリスクに還元されうるとは，想定できないということであった．

　かなりの長さの期間にわたり巨額になる可能性のある現金流出や所得流入

を伴う意思決定に当たり，人びとは将来の成り行きがどうなるのかを自らが知らないことを「知っている」．かれらはこれらの意思決定にあたり将来の成り行きを見誤ることは非常に損失が大きく，今日決断するのを留保することが考えられる最も賢明な意思決定であるのかもしれないと考えている．

　現代の資本主義は，人びとに不確実な経済的命運を多少なりともコントロールできる能力を与えるような仕組みを作り出そうとしてきた．資本主義経済においては，財・サーヴィスの生産，販売および購入を行なうに当たり，貨幣や法的に拘束力のある貨幣表示の契約を用いることにより，個々人は，キャッシュインフローとキャッシュアウトフローを，したがって自らの将来の貨幣金融状態を，ある程度コントロールすることが可能になる．例えば，家計は家賃や持家に関わる住宅ローンの元利金の支払いに同意する契約や電力，ガスおよび電話の公益企業に対し，それらが一定期間提供してくれるサーヴィスの対価を支払う契約を結ぶが，これらの契約は，家計が今日あるいは来る数カ月間またはおそらく今後数年間の生計費の主要部分について，ある程度の支出管理を行なうことを可能にする．これらはまた，貨幣表示の契約のもう一方の当事者（企業）に対し，その生産費用をまかない利潤を生み出すのに十分な現在および将来のキャッシュインフローについて法的な保証を与えることになる．

　人びとも企業も，契約上の合意事項を履行することが自らの最大の利益になると考えているため，進んで契約を結ぶのである．もし何らかの予期できない事態の発生により，契約当事者のどちらかがその契約上の義務を果たすことができないか，果たす気のない状態に陥った場合，政府の司法部門は，契約を守らせようとし，履行しようとしない当事者には，その契約上の義務を果たすか，さもなければ，不履行によって発生した損害や損失を他方の当事者に弁償するのに十分な金銭を支払うよう要求するであろう．したがって，ケインズの伝記作家であるロバート・スキデルスキー（Robert Skidelsky）卿が述べているように，ケインズにとって「不法とは不確実性の問題であり，公正とは契約による予測可能性の問題である」[2]．言い換えれば，契約関係

を結ぶことによって，人びとは，不確実な世界においてさえ，自分の契約上のキャッシュインフローとキャッシュアウトフローに関してある程度の予測可能性を確保することができるのである．

貨幣とは，それによってすべての法的な債権債務関係を清算できると政府が決めたものである．貨幣のこの定義は，合衆国の紙幣である連邦準備銀行券に印刷されている法貨の定義，すなわち「この紙幣は，私的公的を問わない一切の負債にとっての法貨である」という定義よりもはるかに広い概念である．これらの紙幣は連邦準備銀行制度の負債に過ぎないからである．

ここで銀行制度に関する詳細な説明に立ち入ることは，議論の理解にとってそれほど必要ではないので，政府はどのような契約上の債務をも弁済するために法定通貨の引渡しのみならず，銀行の当座預金勘定から振り出される小切手の使用も認めている，ということを指摘するにとどめておこう．要するに，読者は人びとが自分への請求額（契約上の債務）のほとんどを，自分の銀行勘定から振り出される小切手によって，ないしインターネットによるエレクトロニック・バンキングが盛んな当節においては，特定の請求者に支払うのに十分な金額を自分の銀行口座から引き出すため取引銀行宛に電子手形を振り出すことによって，支払っていることを承知しているであろう．

もしある個人がすべての契約上の債務を期日どおりに返済できるならば，流動性を持っているといわれる．もし破産を免れたいと思うならば，流動性のある状態を維持することは，企業や家計にとって最重要事である．現代の世界において破産は，経済的な意味で絞首台に向かう行為に等しい．流動性を維持することにより，個人も企業も破産という絞首刑を免れることができるのである．

われわれはすべて，自分自身が流動性を維持する必要のあることを承知している．流動性を維持する必要性は通常，支払期日が到来したときにすべての契約上の債務を返済できるようにいつも小切手帳の残高をプラスに維持しているかを確認するという形を取る．もしわれわれが，ある月において，多額の小切手を切ったため口座残高に対して超過振り出ししそうになったとき，

## 第4章　1ペニーの支出は1ペニーの所得になる

この問題を次の3つの方法のいずれかによって解決するのが普通である．

1. 次の月の所得が自分の銀行預金口座に預け入れられるまで，小切手を切るのを停止する．
2. われわれが口座残高を超えて小切手を超過振り出ししたとき，銀行がわれわれの銀行預金残高を補充することを約諾する銀行との融資契約を取り決める．通常はその見返りに，将来の自分の契約上の現金所得から銀行に対し利子を支払い借入元本を返済することを約束する．
3. 自分のポートフォリオから流動的な金融資産を売却し，その売却代金を自分の銀行預金口座の補充に用いる．

明らかに，小切手勘定の残高がマイナスになることは，現代の資本主義システムの構成員のだれにとっても経済的な災難であろう．しかし，なぜ個人は，預金残高をゼロとしないでプラスの状態を維持したいと思うのだろうか．それに対するケインズの返答は，将来の成り行きは不確実であるから，われわれが予想せず，また予想できなかった，ある将来時点での支払い義務や，その将来時点で入手予定のキャッシュインフローだけでは果たすことができなくなった支払い義務に，いつ突然に直面するのかが分からないということである．さもなければ，期待されたキャッシュインフローが，予期しない理由から――例えば，金融市場価値の下落による年金所得の減少や，失職や，一家の稼ぎ手の死亡のために――，突然なくなってしまうことになるのかもしれないということである．

そこでわれわれは，予見できない出来事から自らを守るために，プラスの銀行預金残高を維持するという，流動性保有の予備的動機を持つことになる．将来の成り行きの不確実であることが知られている資本主義経済においては，起こるかもしれないどのような出来事のショックをも和らげうるよう流動性の状態を高めておくことは，理にかなった人間の行動である．

もし個々人が将来の成り行きが昨日の時点よりさらに不確実になったと突

然信じるようになるとすれば，将来についてのかれらの不安は高まるであろう．そこでかれらは，不確実な将来に起こるどのような不都合な出来事にもよりよく対処できるように，今日財やサーヴィスへのキャッシュアウトフローを削減して自らの流動性状態を高めようとするであろう．現金支出を削減するもっともわかりきった方法は，生産された財やサーヴィスにより少ない所得を費やすこと——すなわち，現在の所得からより多くの貯蓄をすること——である．しかしながら，もし多くの人が突然に将来の成り行きがより不確実になったと考えるならば，産業の生産物に対するすべての支出削減の累積的影響は，企業の生産物への重大な需要減退という結果になるであろう．おそらく企業は，このような市場需要の減退に直面して，労働者の雇用を減らすであろう．

　これとは対照的に，もし仮にも現実世界の市場が真に効率的であるのならば，家計も企業も，契約に盛り込まれた今後の一切のキャッシュインフローとキャッシュアウトフローについての約束を含めて，将来の成り行きについての信頼できる知識をもっていることになるであろう．したがって私利を図る意思決定者は，自分が果たすことができないような将来の支払い義務を伴う契約をけっして結ぶことはないであろう．だれも契約上の債務の履行を怠るようなことはしないのである．その結果，思いがけず発生した返済の問題をキャッシュフロー上のゆとりでうまく処理するためのクッションとして追加的な流動性を蓄える必要はないであろう．しかし現実の世界においては，家計や企業，地方政府でさえ，契約上の債務不履行を起こしているのである．

　実際に，サブプライム住宅ローンに基づく危機は，住宅ローンについてかなり高い率の債務不履行が生じたため，引き起こされたのである．（第6章では，なぜサブプライム住宅ローンにおける債務不履行問題が金融危機を引き起こす諸条件を作り出し，2008年のグローバル経済危機にまで拡大していったかを説明する．）

　効率的市場理論は，仮定によって，人びとが自らの契約上の債務の不履行を起こす可能性を排除しているから，この古典派理論がサブプライム住宅ロ

## 第4章 1ペニーの支出は1ペニーの所得になる

ーン問題と2007年に始まったグローバルな金融危機との間の関係を論理的に説明することができないのは，明らかである．また効率的市場理論は，問題の解決を自由市場に委ねておけば長期的には経済が常態に戻るのを可能にするであろうと勧告する以外に，グローバルな金融危機を解決するための何らの指針も提供できるはずがないのである．第2章において，住宅ローンの債務不履行によって引き起こされた損害に関するクルーグマンの推計を引用したが，そこではおそらく百万人以上の人びとが自分の持家から追い出されることになり，また自分の持家に留まった人びとも6兆ドルもの資産価値を失うだろうとされている．だれがこのような自由市場による解決が社会的に望ましいとか，あるいは効率的であるなどと，真面目に考えることができるであろうか．

しかしながら，ケインズの分析においては，契約についての民事法と流動性を維持することの重要性は，一国内の見地からのみならず，多数の国が異なる通貨や契約についての異なる民事法さえ用いているグローバル経済という文脈においても，資本主義経済の動きを理解する上で決定的な役割を演じる．第8章で，貨幣と契約についての国際的な側面を取り扱うので，さしあたりここでは，議論を国内通貨と契約の国内経済にとっての意味に限定したい．

ケインズの考えによれば，**貨幣表示の契約が神聖にして犯すべからざるものであることは，われわれが資本主義と呼んでいる企業家システムの要諦である．**貨幣は，契約についての民事法の下での契約上の債務をつねに決済することのできるものであるから，貨幣はすべての資産の中で最も流動的なものである．それにもかかわらず，流動的な資産がほかにも存在する．それらの流動性は，貨幣よりはいくらか劣るが，それは，一方の契約当事者にそれらの資産を契約上の債務の決済手段として「差し出す」――手渡す――ことができないからである．にもかかわらず，これらの他の資産が，よく組織化され秩序ある金融市場で容易に転売できる（換金できる）かぎり，流動性を持っているといえる．人びとは，そのような金融市場で資産を素早く売却すること

により，自らの契約上の債務を決済するためにその代金を用いることができるのである．

　例えば，ニューヨーク証券取引所で取引される株式は貨幣ではない．にもかかわらず，これらの有価証券は流動性を持っている．なぜなら，取引所は，市場株価がつねに秩序ある仕方で変化することを人びとに保証する一方で，人びとが自分の希望するだけの量の株式をいつでも売り買いできるのを確実にするよう企図された規則と制度を整えているからである．わたくしは，「秩序ある仕方」という言葉によって，次に行なわれる株式取引の価格が直前に行なわれた取引時の価格からさほど大きくかけ離れないことを意味している．したがって，ある個人が株式仲買人に電話をして株式をx株「時価で」売りたいといったとき，その売り手は，受け取れる売却価格が直前に公表された市場取引価格から数ペニー以上も異なることはないのを承知しているのである．

　ベストセラーの『リスク：神々への反逆』の著者であるバーンスタインは，流動資産のための秩序ある金融市場の存在することにより，これらの有価証券のすべての保有者（投資者）が，現状の動きについて突然不満を感じたときはいつでも速やかな出口戦略をとることができると信じるようになっていると書いている．これらの株式に流動性がないならば，ある大企業の少数株主（株の所有者）であることのリスクは耐え難いほどであろう．にもかかわらず，秩序ある株式市場が流動性を提供し市場が速やかな出口戦略を可能にするのは，企業の所有と管理（経営）の分離を，1930年代以来経済学者や政治家が頭を悩ましてきた重要な問題にしている．大規模な投資銀行の**経営者たち**がこれらの企業の**所有者たち**の利益を保護しようとしていないことに多くの専門家が驚きの気持ちを表わしていることは，かれらが秩序ある流動的な市場がどのようにして所有と経営との間の重大な分離を推し進めているかを理解していないことを示している．古典派の効率的市場理論が暗黙のうちに想定していることは，企業を所有している者は，直接企業を経営するか，企業の所有者が直接企業を経営したならば追求したであろうものと同じ私的

利益を，その職に留まっていたければ追求するような経営者たち（労働者たち）を雇うか，のどちらかにするであろうということである．言い換えれば，古典派理論では，所有者と経営者との間の意思決定の面での分離はあり得ないということである．

もしわたくしがある巨大な株式公開会社の少数株主であり（そしてほとんどの株主がそうであるが），現経営陣の仕事振りを好まないとすれば，自分には企業の経営においてひどい誤りを犯していると思われる経営者を解雇しようとする，長く費用の掛かる訴訟手続きにかかわるよりも，直ちに自分の持ち株を売却してしまうであろう．

第6章において，わたくしは，将来が不確実であるかぎり，将来のある時点に自由市場で流動資産の売れる価格がなぜ劇的にほとんど瞬時に変化する可能性があるのかを説明する．最悪のシナリオでは，金融資産の市場が無秩序な仕方で崩壊する（機能停止する）ため，資産がどのような価格ででも売れなく（非流動的に）なる可能性がある．

流動的な有価証券の保有者に，かれらの保有する証券の市場価格がつねに**秩序ある仕方で変動する**ことを保証するためには，「マーケットメーカー（値付け業者）」と呼ばれる個人ないし企業が市場に存在しなければならない．このマーケットメーカーの存在が大衆に次のようなことを保証することになる．すなわち，ある金融資産の多くの保有者が突然速やかな出口戦略を取りその証券を売却したいと思うようになったものの，その流動資産を買いたいと思う人がほとんどいないか全くいないときはいつでも，マーケットメーカーには市場に介入して十分な量だけその資産を買い上げる義務があり，それによってその資産の次の市場取引価格が直前の取引価格から「秩序ある」仕方で連続的に変動することを保証されることになるのである．要するに，マーケットメーカーは，流動資産の保有者に，直前の取引価格とさほど変わらない価格でいつでも速やかな出口戦略を取ることができることを保証していることになる．これらのマーケットメーカーは，ニューヨーク証券取引所では「スペシャリスト」と呼ばれている．

## 1ペニーの貯蓄は1ペニーの所得にならない

　貨幣を使用している資本主義システムにおいては，人びとは将来が不確実であることを承知しており，家計や企業は流動性のある状態を維持したいと思っている．そこで，人びとは通常，かなりの流動性のある状態を手に入れるために，自分の毎週，毎月ないし毎年のキャッシュインフロー（貨幣所得）のすべてを，産業の生産物に費やそうとはしない．われわれは，この貨幣所得のうちの支出されない部分を「貯蓄」と呼ぶ．これらの貯蓄──すなわち，契約上の債務の支払い能力──を将来に持ち越すために，貯蓄者はたんす預金をしたり，貯蓄銀行預金口座の残高をプラスに維持したり，株式や社債のようなよく組織化され秩序ある市場で売買されることから高い流動性をもっていると貯蓄者の信じるその他の金融資産を購入し保有するなどの，流動性を保つさまざまな手段，すなわち「タイムマシン」を用いる．第6章で説明するように，不幸なことに市場は，債務担保証券（CDO）として知られる金融資産やその他新型の金融派生商品のために無秩序状態に陥ってしまった．その結果もたらされたのが，2007年に始まる金融市場危機であった．

　ここで，産業の生産物に支出されない所得のどのような部分も，すべての所得が支出され尽くすときより，産業の生産物へのより少ない需要を意味しなければならないことに注目するのが大切である．したがって，貯蓄は企業の利潤および企業による労働者の雇用に対してマイナスの影響を与える可能性がある[3]．

　資本主義経済において何が雇用を生み出すのであろうか．政府は，ある程度の働き口を創り出し公務従事者──警察官，消防署員，軍人，公立の学校や大学の教員，裁判官など──を雇うが，働き口の大部分は民間部門で労働者を雇う企業によって生み出される．企業が多数の労働者を一時解雇しているとき，景気後退や不況が起こり，企業が十分な利潤を上げつつあり働く意

欲を持ちその能力もあるほとんどすべての人を雇用しているとき，繁栄がもたらされる．

　企業が労働者を雇用するか解雇するかを決める要因は何であろうか．売上げ増加の期待は，利益の上がる価格で販売できる生産物を追加的に生産するために企業がより多くの労働者を雇用することに積極的なインセンティブを与える．しかしながら，もし企業が，利潤獲得の機会の低下を意味する売上げ減を予想する（ないし経験する）ならば，採用を予定しているか現に雇用している労働者の数を減らすであろう．要するに，将来予想される売上げや受注の変化が，民間部門の雇用主の雇用姿勢に大きな影響を与えるということである．

　その結果，一国の企業部門によって生産される財やサーヴィスへの総支出の減少を引き起こすどのような要因も，雇用を押し下げる傾向がある．逆に財やサーヴィスへの支出を増加させるどのような要因も，企業の利潤率を高め労働者の雇用を増加させるであろう．したがって，ベンジャミン・フランクリン（Benjamin Franklin）の格言である，「1ペニーの貯蓄は1ペニーの所得になる」とは反対に，労働者や経営者および企業所有者に分配される1ペニーの所得になるのは，産業の生産物に支出された各1ペニーだけである．

　今日の所得から貯蓄をする行為は，全所得が支出され貯蓄されないときに比べて，産業の生産物の購入がより少ないことを意味する．貯蓄された1ペニーは，財やサーヴィスを販売している企業の所得になり得ないのである．貯蓄は，販売を行なう企業にとって利潤獲得の機会のより少ないことを表わしており，したがって企業は貯蓄ゼロの場合よりもより少ない労働者を雇用するであろう．そこで，もし財やサーヴィスのすべての購入者が全体として，より少なく支出し代わりに自らの貯蓄を増加させる決心をするならば，企業にとってより儲けの少ない市場の需要と向き合うことになり，企業はより少ない働き口の提供を申し出ることになるであろう．

　もちろん，貯蓄者が働き口を無くしてしまう可能性は，もし同時に他の購入者たちが，以前より多く支出し企業からの財やサーヴィスの購入を増やす

ため借金さえする決心をするならば，打ち消されうるであろう．
　これらの他の購入者とはだれであり，なぜかれらは支出を増やすために借金さえしようとするのだろうか．
　経済学者は通常，企業によって生産される財やサーヴィスの買い手として，以下の4者を挙げるのが普通である．すなわち，(1)家計，(2)現在の生産能力を上回る将来の売上げが期待できるため追加的な機械設備に投資をする企業，(3)連邦政府のみならず州政府および地方自治体を含む政府部門，および(4)わが国からの輸出品の購入を望む外国人，である．
　わたくしは，外国貿易の問題を取り扱う第7章において輸出品販売の影響について論じる予定であるので，この段階では，最初の3つの範疇の購入者に注意を集中することにしよう．
　家計の購入は通常所得と密接に結びついている．もし家計の所得が増加するならば，家計は財やサーヴィスの購入を増やしがちであり，その所得が減少するならばより少なく支出しがちである．もし経済が景気後退ないし不況の状態にあるならば，それは，民間企業の生産物の購入者が，理由はなんであれ，より少なく購入しており，またより少ない労働者が雇用されているためである．したがって，景気後退とはつねにすべての家計の所得総額の減少と結びついている．というのも，景気後退局面においては，一方で働き手が解雇されより金額の低い失業保険で生活していかなければならない家計があるかと思えば，他方で自らの所得の一部を企業の利潤から得ているものの，企業が売上げ収入減をこうむるにつれて企業からの受取り金額が減少してしまった家計もあるといった具合であるからである．
　企業による投資支出についてはどうであろうか．古典派理論は，もし市場が効率的であるならば，家計がより多く貯蓄するときはいつでも，企業が同時にこれらの貯蓄を借り入れ，機械設備に投資することによってより多く支出するであろうと主張する．しかし人びとがより多く貯蓄し企業からより少なく購入しようとしているときに，企業が，市場の需要のこのような減少にもかかわらず，増産可能な追加的な生産能力を備えるために直ちにより多く

の投資を行なうとは，いったいだれが信じるであろうか．

　もし市場の需要が減少しつつあり，企業も景気後退の影響を感じつつあるのならば，販売と受注のこの減少によって遊休化している生産能力をすでに抱えていることになり，経営者は新しい機械設備を購入しそうにない．たとえ利子率が大きく引き下げられ機械設備を生産する企業から新たに資本財を購入するための資金の借入負担が軽くなったとしても，経営者たちはそのための資金を借り入れそうにない．企業は，市場の需要が十分に増加し販売が現存する生産能力を上回ると自ら信じるようになって初めて機械設備に再投資を始めるであろう．それゆえ，景気後退期において，企業がその投資への支出を増加させるとは考えられない．

　その結果，政府が，販売や利潤の落ち込みを相殺するための，唯一可能性のある大口支出者ということになる．不幸なことに，ほとんどの州政府や地方自治体の支出は税収基盤と密接に関連しており，景気後退期において，地方の政府は早速，現行の支出予算に比べて予想される税収が不足するという事態を経験することになる．多くの州や自治体において，税収減は，公共サーヴィスの提供を直ちに削減し公務従事者を解雇することを意味し，そのことは失業者数を増やし産業の生産物に対する市場の需要をいっそう減少させることになる．

　最近の景気後退において，州政府および地方自治体が行なおうとしている支出削減は，公立の単科大学や総合大学，地域短期大学および公立学校に対するものである．その結果，高度の技能をもち教育もある労働者の失業が増えたばかりでなく，すべての段階での公的教育の質が低下し，それによってわれわれの子供から，質の高い教育を受ける機会を奪うに至っている．地方の政府はまた，その地域での生活を快適なものにするようなインフラへの投資を削減したり停止したりすることであろう．

　そのため，景気後退期においては，たとえ税収が企業や家計の所得減のために減少しつつあるとしても，民間企業の生産物への支出を維持できるばかりでなく実際に増加させることもできるのは，連邦政府のみである．もちろ

ん，連邦政府は，税収が減少している中で購入を増やすために，借入れによって——すなわち，年間の赤字額を増やし，2008年末にすでに10兆ドルに達している国債を増発することによって——これらの購入のための資金を調達しなければならない．

景気後退や不況に対する**ケインズ・ソリューション**は，意味のある大掛かりな政府支出を不可欠とする経済回復のための支出計画を展開することである．しかもこれらの巨額の支出がけっして役に立たないわけではない．もしこの支出が国内企業の生産物の購入に向けられるならば，その結果は，米国の企業のために大きな利潤獲得の機会を作り出し，そのことは続いて，民間部門における雇用量の大幅な増加を生み出しアメリカ人の家計に繁栄を取り戻すことになるであろう．

## 政府はなにを購入すべきか

大量の失業と遊休設備能力が存在するとき，政府支出の増加は，市場の需要を増やし，企業に生産を拡大しより多くの労働者を雇うことによって利潤を獲得できる機会を与えるであろう．政府が民間企業からなにを購入するかによって，特定の産業が生産と雇用を増加させるインセンティブを持つことになるであろう．

それでは，政府はどのようなものを購入すべきであろうか．国民の生産性と生活を改善するような政府の購入がきわめて望ましいことは，明らかである．そこでオバマ大統領は，全国の各地域社会でそれぞれ役に立っているインフラを復旧し改善するよう企業と契約を結ぶ経済復興計画を示唆している．オバマ計画はまた，太陽電池板，風車，エネルギー効率の高いハイブリッド自動車などの代替エネルギー源を民間企業が開発するのを奨励するために，資金を支出することを含んでいるようである．

しかし政治家の多くは，そのようなプロジェクトにかなりの金額を支出することに反対している．一般市民層にとって有益とみられるものに多額の支

出をすることに反対しているまさに同じ人びとがしばしば，あらゆる種類の軍用装備品を産業から購入するために同じ程度の金額を支出することには躊躇しないようである．軍用装備品に支出するこの政策は，しばしば軍事的ケインズ主義と呼ばれている．それこそ，今日まで保守派の政治家たちに受け入れられてきたケインズの支出政策の主な形態であった．

　にもかかわらず，自由市場のイデオロギーを唱道する人たちは，強力な財政支出による景気回復策に反対しがちである．通常かれらは，どのような大規模な財政支出による景気回復策に対しても，次のような3つの基本的な反対論を提起している．

1. もしわれわれが国債を増発するならば，国家を破産させることになるであろう．この主張の提唱者は通常，政府を家計になぞらえる．われわれはすべて，自らの所得に比べてあまりにも多額の借金を増やす家計が最終的には破産に直面することを理解している．家計がいつまでも赤字支出を続けることができない以上，なぜわれわれの政府は赤字支出を続けることができるであろうか．
2. もしわれわれが国債を増発するならば，われわれは，自分の子供や孫にその債務の返済義務を負わせることになり，かれらはわれわれの浪費のために苦しむことになるであろう．
3. 政府支出は，政府が「紙幣を印刷すること」によってまかなわれるであろう．貨幣供給総量のこのような増加は，直ちにではないにしても，予想できる（確実な？）将来のある時点で，**大インフレーション**を引き起こすであろう．

　次の章では，これら3つの主張が誤りであることを明らかにしたい．2009年の深刻な景気後退期にある米国経済や同じような苦境に陥っているグローバル経済にとって，問題は，米国経済に利潤や雇用や繁栄を復活させるために赤字支出による景気回復策を取る余裕が，われわれにあるかどうかではな

い．本当の問題は，米国経済に繁栄を採り戻すのに十分なほどの赤字支出をしないでおく余裕がわれわれにあるのか，ということである．もしわれわれが積極的な財政支出による景気回復策を遂行しないならば，われわれの子供や孫たちが，たとえ国債総額がより少ない政府を引き継ぐことになるとしても，自分たちの生涯の大部分の期間にわたって安定した働き口とまずまずの所得の得られる見通しのほとんどない，陰鬱な経済的将来に直面することであろう．

われわれ現世代には，将来の世代のために，利潤獲得の機会が容易に得られ，働いて人並みの生活水準を達成したいと思うすべての人にそうする機会の与えられるような，繁栄し続ける資本主義システムを積極的に築き上げていく義務がある．

# 第5章
# 国債とインフレーションについての真実

2009年1月20日,ジョージ・W.ブッシュ (George W. Bush) 大統領が退任したとき,米国の国債は9.2兆ドル,すなわち国内総生産 (GDP) のほとんど70%に匹敵する金額であった.現に,もし政府が税収以上の支出を続けるならば,国家は破産してしまうであろうとの懸念を表明する人たちがいる.

## 国債残高は大きすぎるか

新しく建国されたアメリカ合衆国は,独立戦争中に発生した債務を政府が引き受けたため,早くも1790年に,すでに約7,500万ドルの負債を負っていた.連邦政府の負債がゼロになった1830年代のある短い期間を除けば,米国政府はつねに,なにがしかの負債残高を持っていた.第1次世界大戦中に,国債は,1916年の12億ドルから1919年の254億ドルへと大幅に増加した.

国債は,狂騒の1920年代の10年間に減少した.1929年には,債務総額は169億ドル,GDPの約16%にまで減少していた.このような債務の減少は,1919年から1929年までの間,連邦政府が税収より85億ドルも少ない支出に止めた結果であった.言い換えれば,1920年代のほとんどの年を通して,連邦政府の貯蓄はかなりの金額に達した.しかし経済は成長し繁栄し続けた.この経験が示していることは,もし民間部門が産業の生産できる生

産物のほとんどを購入するのに十分なほどの支出を続けるかぎり，政府が繁栄する経済を維持するためだけの赤字支出をする必要はないということである．

しかしながら，1929年から全体の民間支出が突然減少し，そして大不況が始まった．財やサーヴィスの販売が急減し，企業の利潤は失われ，失業が急増した．家計の所得は低下した．その結果，税収は，1930年の40億ドルから1932年の20億ドルに減少した．ルーズヴェルトが大統領に就任した1933年3月には，国債は概ね200億ドル，当時の米国のGDPの20%に相当する金額にまで増加していた．

第2章で述べたように，ルーズヴェルト政権は，その第1期の任期中，毎年巨額の赤字を出し続けた．1936年には国債は337億ドル，GDPの約40%に増加していた．その時代の多くの専門家は，もし政府が赤字支出を続けるならば，国家には大変な災いが待ち受けていると言明した．そこでルーズヴェルトが，1937会計年度の政府支出を削減したところ，経済は直ちに深刻な不況に陥った．そのため政府は，1938年に大幅な赤字支出を再開した．1940年には，国債が430億ドル——GDPの約44%——にまで増加した一方で，経済はかなり高い成長を遂げたのである．

米国が1941年に第2次世界大戦に参戦したとき，財政赤字と国債の大きさについての懸念は取り沙汰されなかった．1941年から1945年までの数年間に，国債は5倍以上に増加したが，GDPも2倍以上になった．1945年の終わりには，国債はGDPの約119%に相当する程度になった．この巨額の国債は，戦争が終わったとき国を破産させるどころか，経済の繁栄を増進したのである．1946年には，平均的アメリカ人の家計は戦前よりはるかに経済的に恵まれた生活をするまでになった．さらに，大不況から第2次世界大戦期にかけての世代の子供や孫たちが，当時巨額と考えられた国債の償還に苦しめられたわけでもなかった．むしろ，経済は，次の四半世紀の間，前例のないくらいの経済成長と繁栄への途を歩み続けたのである．同時に，所得分配上の不平等は著しく縮小された．それは，米国にとって経済発展の黄金

第5章 国債とインフレーションについての真実　　　　67

時代であった．

　わたくしは大不況時代に子供としての時を過ごし，第2次世界大戦中のローティーンエイジャーとして，これらの巨額の政府赤字によって苦しめられたとは全く感じていない．当時成人であったわれわれより上の世代は，子供たちに豊富と繁栄という遺産を残してくれた．わたくしは自分や自分の仲間がいい働き口を容易に見つけ出すのを可能にし，自らの生活水準を高めるすばらしい機会を提供してくれた経済を受け継いだ．もしこれが子供や孫たちに負担をかけたことになるというのなら，現世代が自分の子孫のためにそのような「負担」を作り出してもよいのではないかと，わたくしは考えている．

　この話から得られる教訓は，われわれは，政府が，われわれの産業の生産物に対する市場の需要を増加させ，それによって利益を上げうるような企業家システムを維持することのできる唯一の支出者であるとき，巨額の政府赤字を出すことについて懸念するには及ばないということである．政府が，国債の大きさを抑えようとして支出を少なくすることは，市場の需要を不活発なままにし，それによってわが国の企業のみならず労働者をも貧しくすることを意味するであろう．

　ケインズの考えは，支出者が市場需要の健全な増加をもたらしそれによって社会に利潤と雇用を生み出すとき，資本主義が最もよく機能するということであった．明らかにこのことは，政府支出が1933年から1936年の間および1938年から1945年の間に増加したとき，論証されたのである．ルーズヴェルトが1937会計年度に支出を削減したとき，結果として起こった急激な景気後退は，景気回復のあの段階においては，政府以外のどのような支出者も，市場の需要創出者の役割を引き継ごうとはしなかったし引き継ぐこともできなかったことを示している．もしルーズヴェルトが1938年に国債総額を増加させないために政府支出を抑制し続けていたならば，貧弱な実績の経済を国内に押し広めていたことであろう．戦争が勃発し国債の大きさなどに考えが及ばなくなったとき，政府支出が経済を速やかに利益の上がる完全雇用の状態に押し上げたのである．この歴史的記録は，資本主義経済の運行に

関するケインズの考えの正しさを証明している．

## 紙幣の印刷が「大インフレーション」を生み出すのだろうか

　政府は，経済を深刻な景気後退から救い出すために，相当な額の追加支出に乗り出すべきであるが，その支出の全額ないし一部が連邦準備制度への債券の売却によってまかなわれる場合，財政赤字を招かざるを得ない．要するに，このことは，財政赤字が「紙幣を印刷すること」によってまかなわれるということを意味する．

　この貨幣供給の増加が，大インフレーションを引き起こすようなことはないのだろうか．例えば，2009年1月29日付の『ウォールストリート・ジャーナル』に掲載された，「連邦準備制度は米国債券の購入計画に向かってゆっくりと進んでいる」と題する記事の中で，報道記者のJ.ヒルセンラス（J. Hilsenrath）とL.ラパポート（L. Rappaport）は，連邦準備制度の国債購入計画について，次のように書いている．「それは，政府の赤字が急増しつつあるときには，物議をかもす行動であろう．紙幣を印刷することによって財政赤字をまかなうことは，インフレ的行動であるとみなす人もいるかもしれない．」

　ここにはもちろん，フリードマンのようなノーベル賞を受賞した経済学者によってさえ広められた，政府が支出するための紙幣を「印刷する」につれて貨幣供給が増加するとき，急激なインフレは避けられないという，素人でも思いつくような話が潜んでいる．

　この紙幣を印刷する過程は実際にどのような影響を及ぼすのであろうか．もし政府が税収として集めた金額以上に支出したいと思うならば，債券を売却しなければならない．かりに政府が経済の民間部門でこれらの債券を購入してくれる貯蓄者を見出すことができないときは，連邦準備制度に販売することができる．連邦準備制度がこれらの政府の債務証券を購入した場合，連邦準備制度の財務省預金勘定に預金を積む手続きを取ることになる．そこで

財務省は，連邦準備制度への自らの預金勘定の残高増加を引き当てに小切手を切ることができる．正規の銀行勘定宛に振り出された小切手は契約上の債務を決済することができるので，財務省の預金勘定の増加は政府により新たに印刷された紙幣に相当する．しかしもしこの貨幣の政府支出が企業による生産と雇用を促すために費やされるならば，なぜそれがインフレを引き起こすことになるのだろうか．

紙幣の印刷によってまかなわれた赤字支出とインフレとの間を直接的に結びつけるこの考え方は，主流をなす古典派の効率的市場モデルの基礎となっている第2の基本的な公理，すなわち，**中立貨幣の公理**（the neutral money axiom）から成立する論理的推論である．

この中立貨幣の公理が主張するところは，経済への貨幣供給のどのような増加も，経済において生産される財の量にも雇用の水準にもなんらの影響も与えないであろうということである．言い換えれば，中立貨幣の公理は，貨幣供給量のどのような増加も生産される財やサーヴィスの量（GDP）ないし雇用量に全く何の影響も与えないということを，**証明される必要のない普遍的真理**として主張しているのである．

もし中立貨幣の想定が経済モデルに組み込まれるならば，政府が産業の生産物に支出するための紙幣を「印刷する」場合，インフレは避けられないということになる．もし政府がこれらの「印刷された」追加的ドル紙幣をすべて支出するならば，その結果は，財やサーヴィスに対する市場需要の増加となるに違いない．しかしながら，もし中立貨幣の公理が受け入れられるならば，政府の印刷された紙幣によって作り出された市場の需要増は，企業家たちが生産し市場で販売する財・サーヴィスの総量に影響を与えることができない．中立貨幣の想定は，この市場需要の増加が企業家に生産を拡大しより多くの労働者を雇うよう促すことはできないことを意味する．この市場需要の増加はただ市場価格を高め，したがってインフレを引き起こすことができるだけである．それゆえ古典派の経済学者たちは，「多すぎる貨幣が少なすぎる財を追いかけている」のだから，紙幣を印刷することによってまかなわ

れた赤字支出はインフレを引き起こすとたんに想定しているにすぎないのである．これら古典派の経済学者たちは，紙幣の印刷はインフレを引き起こすことを証明していないし，証明する必要がないと信じているのである．中立貨幣の公理は，効率的市場理論の基本的な構成要素であるから，古典派の経済学者たちはたんに貨幣供給の増加率が生産の増加率より高くなればインフレが起こると，主張しているにすぎない．

　中立貨幣の想定を盲目的に受け入れてしまうと，論理的に一貫した分析を心掛けている者は，もしかなりの程度の失業や遊休生産能力が存在するならば，政府の追加的な赤字支出が利潤獲得の機会を生み出し，したがって企業に生産や雇用を拡大するよう促すことができるし実際にそうなるであろうということを認識できなくなるであろう．失業や遊休生産能力がある場合，追加的な政府支出をまかなうために「印刷された」貨幣供給の増加が，インフレを引き起こすことにはならないのである．

　事態がもっと厳しくなると，基本的な中立貨幣の想定と共に主流派の経済理論を受け入れている人でさえ，この理論は現実に当てはまらないと考えるようになるのかもしれない．先にあげた『ウォールストリート・ジャーナル』の記事は，続けて次のように言っている．「経済不振の気運が急に世界中で高まったので，連邦準備制度の幹部たちは当面，インフレを懸念事項とはみなしていない．」しかし今ではないにしても，経済が回復しこの同じ貨幣数量の下でより多くの販売に供される財やサーヴィスが生産されているときに，果たして紙幣を印刷して財政支出したことに起因するインフレは起こるのだろうか．同じ量の貨幣がはるかにより多くの財を追いかけているのではないのだろうか．

　中立貨幣の想定は事実というよりもむしろ信念なのだとその唱道者たちが認めていることは，驚きといえるかもしれない．マサチューセッツ工科大学教授で国際通貨基金主任エコノミストのオリヴァー・ブランシャール (Oliver Blanchard) は，有名な経済研究機関によって経済の将来を予測するために用いられている経済モデルに言及して，次のように言っている．「わ

れわれが調べたモデルはすべて,貨幣の中立性を確固たる前提に置いている.これは,経験的根拠に基づくというよりもむしろ,理論的考察に基づく信念の問題である」[1].

しかしながらケインズは,われわれが経験している世界での資本主義システムの動きを説明するためには,エルゴード性の公理のみならず古典派の中立貨幣の公理をも放棄しなければならないと主張した.ケインズは,革命的な分析を編み出そうとなおも努力中であった1933年に,次のように書いている.

> わたくしが切望する理論は,……貨幣がそれ自らの役割を演じ動機や意思決定に影響を及ぼし,また端的にいって,貨幣が状況の枢要な要因のひとつとなっていて,はじめの状態と終わりの状態との間での貨幣の動きに関する知識なくしては,長期あるいは短期のいずれにおいても,事態の推移は予測され得ないような経済を,取り扱うであろう.そしてわれわれが**貨幣経済**について語るとき意味しなければならないのは,このような経済である.……好況と不況は,……**貨幣が中立的でない**……経済に特有のものなのである[2].

ケインズは,自らの分析枠組みから中立貨幣の公理を取り払うに当たって,財が財と交換されるような物々交換取引がわれわれの経済システムの本質である,ということを否定していた.貨幣は,現代の資本主義経済の運行において重要な役割を演じるとされた.かれの分析においては,貨幣供給の増加によってまかなわれた追加的財政支出はおそらく,企業家たちが販売のためのより多くの生産物を生産し追加的な利潤を稼ぐのを促すはずであった.中立貨幣の公理が存在しない場合,かなりの量の失業と遊休化した生産能力が存在するときはいつでも,貨幣供給の増加を通じてまかなわれた追加的な財政支出がインフレ的とならないことは十分可能である.

## インフレーションを説明する

　インフレは，ある国の住民が購入するほとんどの財やサーヴィスの貨幣価格にかなりの上昇が見られるときはいつでも，発生しているといえる．もし中立貨幣の公理が，ブランシャールも進んで認めているように，たんに事実の裏付けのない信念に過ぎないものとして拒否されるとすれば，われわれは，政府が紙幣を印刷し経済回復計画のために支出するときはいつでもインフレ的であるに違いないと断定する，いわば無条件反射のような態度を示すべきではないのである．

　それではなにがインフレーションの原因なのであろうか．ケインズは，1930年に出版された『貨幣論』と題する2巻からなる書物の中で，2種類の異なる型のインフレーション，すなわち商品インフレーションと所得インフレーションを定義している．各型のインフレーションはいずれも物価水準の上昇と結びついてはいるが，その原因は異なっている．

### 商品インフレーション

　商品インフレーションは本質的に，農産物，原油および鉱物のような規格化された耐久性のある商品の市場価格上昇と結び付けて考えられている．一般的に，これらの商品はよく組織化された公開の市場で取引され，その市場価格は新聞やその他のマスコミ機関で報じられている．これらの市場は，特定の時点の商品引渡し——今日ないし将来の特定の時点での商品の引渡し——と関連付けられる価格を持っている．

　多くの商品の将来の引渡しのための市場は，わずかに数カ月——一般的には，10カ月ないしそれ以下の期間——先の時点に限られている．ほとんどの商品は生産にかなりの長期間を要するから，どのような近い将来の時点での市場への商品供給量も，すでに存在する在庫量に加えて，生産過程にあるか近い将来の引渡し時点までに完成される予定の半製品の量によって概ね

第5章 国債とインフレーションについての真実

固定されている．もしこれらの公開市場において近い将来に引き渡されるべき商品の需要に突然の増加が生じ，その引渡し時点までに現在の供給量をさらに増やすことがほとんどないし全く不可能であることが予想されるならば，こうした市場需要の増加はこれら商品の将来の市場価格を高騰させるだけであろう．同様に，市場の需要になんらの変化もないにもかかわらず，供給可能量に突然の変化が生じるならば，市場価格は変化するであろう．例えば，突然の降霜がほとんど収穫真近かであった地中の作物を台無しにしてしまったとしよう．需要に変化がないとすれば，その作物の商品価格は上昇し，商品インフレーションを引き起こすことが予想されるはずである．

よく知られているように，商品投機家は，商品の市場価格を高騰させるためかなりの量の在庫を買占め，これらの在庫を市場に出さないでおく（供給可能量を減らす）行動をとる．もしこれらの投機家が成功するとすれば，かれらは後にその在庫を売って利益を上げることができるであろう．そのようにして成功した投機家は，「市場を独占的に支配し」，商品インフレーションの一因となったといわれる．

商品価格インフレーションは，需要や近い将来に引き渡されるべき供給可能量に突然で予期しない変化があったときはいつでも起こるから，この種のインフレは，利己心によって動かされておらずむしろ社会をインフレの苦難から守りたいと望んでいるある制度によって，容易に避けることができる．商品価格インフレーションを防ぐには，政府は，需要あるいは供給の変化が重大な価格変動を誘発するのを妨げるための緩衝在庫として，ある程度その商品の在庫を保持する必要がある．緩衝在庫は，以前予期できなかった需要や供給の変化が現実に起こったときに，それを相殺することによって無秩序な価格崩壊から市場を守るために，市場に運び入れたり運び出したりできる，なんらかの商品のたな卸し在庫に他ならない．

例えば，米国は，1970年代の石油価格ショック以来，メキシコ湾沿岸の地下岩塩ドームに原油を貯蔵する戦略的石油備蓄を展開している．これらの石油備蓄は，もし政治的に不安定な中東からの供給が突然減少するならば，

国内石油の市場価格を安定させるため，緊急に市場へ放出される予定になっている．そのような石油備蓄を戦略的に用いることは，例えば中東で政治危機が勃発した場合，石油の価格が，備蓄のない状態のときほどには上昇しないであろうことを意味する．

言い換えれば，石油価格の高騰は，緩衝在庫が商品のどのような不足をも直ちに埋め合わせるのに利用できる状態にあるかぎり，避けることができるであろう．したがって，米国政府の高官は，1991年のイラクに対する短期の湾岸戦争（砂漠の嵐）の間，原油の市場価格に（現実の，あるいは，予想される）影響を及ぼす混乱の起こらないように戦略的石油備蓄からの原油を市場に放出した．エネルギー省は，このように緩衝在庫を用いたことにより，ガソリンの小売価格が1ガロン当たり約30セント上昇するのを防ぐことができたと推計している．

商品価格の高騰に対する公共政策による解決法として緩衝在庫を用いることは，7頭の太った雌牛の後ろに7頭のやせた雌牛がつづくという，聖書に登場するヨセフとファラオの夢の話と同じくらい古いものである．当時の経済予測者であったヨセフは，ファラオの夢を，生産（供給）が平年水準以上で農産物価格（や農民の所得）が平年水準以下となるような7年間の豊作の後，農民の受取る農産物価格が法外に高くなるものの年間の生産がみんなに行きわたるほど十分な食料を提供できないような7年間の凶作が続くことを予告しているものと解釈した．ヨセフのより進んだインフレ抑制政策の提言は，政府が豊作の年に穀物の緩衝在庫を蓄えておき，凶作の年にその穀物を利潤抜きの原価で市場に放出するということであった．これは，14年間の収穫期にわたって安定した価格を維持し，凶作の年のインフレを避け，豊作の年の農民の所得を保護することとなった．聖書によれば，この進んだ緩衝在庫政策は，褒めたたえるべき経済的成功であったとされている．

2008年の夏に突然現れた，石油やいくつかの農産物の価格高騰は，中国やインドがあまりにも急速に成長しているため，これらの商品に対するかれらの需要増が他の国々からの通常の需要に上乗せされて，市場価格を天文学

的な水準にまで早急に押し上げるであろうとの（誤った）期待に基づいていた．専門家の中には，2009 年の年初には原油は 1 バレル当たり 200 ドルになると予想する者もいた．もしこれらの期待が合理的であるのならば，投機家は市場で石油を 1 バレル当たり，例えば 100 ドルで購入し，それから急に態度を変えて短期間のうちにそれを転売してしまうことによって 100% の利潤を上げることができるであろう．

したがって，投機家のみならず航空会社のような石油製品の大口ユーザーも市場で原油の先物を購入した．航空会社は，2008 年末には 1 バレル当たり 200 ドルにもなろうかと予想されているときに，より安い燃料を確保するために，石油の先物を購入したのである．もちろん，2008 年末に原油の価格が 1 バレル当たり 40 ドル以下に下落したとき，航空会社は，原油価格が 2008 年から先に急上昇するのは避けられないとの投機的な考えに基づいた石油の買い付けで，莫大な損失をこうむった．

わたくしは，商品インフレーションが頂点に達しつつある頃，『チャレンジ』誌の 2008 年 7 月/8 月号に論文を発表し，原油の先物価格に関する極端で非現実的な投機が原油価格のみならず農産物にも商品インフレーションを引き起こしつつあることを明らかにした．わたくしの主張は，ケインズの商品インフレーションの考えと石油産業の経営についての知識に基づいていた．わたくしは，石油産業の知識をある有力な石油会社の経済調査部門の次長をしていたときや，その後 13 社の主要石油会社を巻き込んだ反トラスト訴訟での専門家としての証人であったときに得ていた．わたくしは，ある簡単な政策がこの投機をすぐに止めさせ，原油価格の大幅な下落という結果をもたらすことを承知していた．

わたくしは，連邦政府に聖書にあるヨセフの例に従うよう提案した．価格が 1 バレル当たり 140 ドルに近づきつつあったとき，わたくしは，もし政府が戦略的石油備蓄として蓄えてきた石油の 10% 弱を市場で売却するならば，原油価格は 100 ドル以下に下がるであろうと書いた．その結果，消費者にとっての石油製品の価格が下がるばかりでなく，政府にとって利益が得られる

であろう．というのも，政府は，戦略的石油備蓄で蓄えられた石油を現在の市場価格よりはるかに安い価格で購入していたからである．

政府はこの緩衝在庫計画を採用しなかったが，景気後退に強い影響力を持つ2008年の金融危機が，この商品投機を収束させた．

もしオバマ政権中に中東で政治問題が勃発すれば，起こるかもしれないどのような石油価格インフレをも止めるために，大統領には緩衝在庫のたとえに従って行動してもらいたいと，わたくしは思っている．

### 所得インフレーション

ケインズは，第2の形態のインフレーション，すなわち所得インフレーションを次のように定義している．それは，生産物1単位あたりの貨幣表示の生産コストの上昇と結びついている．もし企業が自分の生産している製品で利益を上げ続けようとするならば，生産コストが上昇するにつれて，自らの生産物の市場価格を引き上げざるを得ないであろう．

これらの生産コストの増加は，生産過程への投入物の所有者，すなわち賃金・給料の稼得者，原材料供給者，貸し手あるいは利潤受取人に対する支払所得の増加を反映している．したがって，例えば，労働者の生産性は変化しないにもかかわらず貨幣賃金率が上昇するならば，生産物1単位当たりの労働コストは上昇する．企業はこの単位生産コストが上昇するなかで，生産を続けなお利潤を上げるためには，状況に応じて価格を引き上げなければならない．

言い換えれば，所得インフレーションは，生産過程への投入物の所有者が，生産性の上昇によっては相殺されないようなより高い所得を受取るために生産コストが上昇するときに，起こるのである．

この所得インフレーションは，生産性は不変であるとして，国内生産物価格のインフレ的上昇が，生産過程で得られるだれかの貨幣所得の増加とつねに結びついている（と共にその結果でもある）という，明白だがしばしば無視されている事実を浮き彫りにする．ある企業の生産コストは，生産過程で

## 第5章 国債とインフレーションについての真実

企業によって使用される労働，原材料，財産あるいは資本を提供する人たちの所得という同じコインの裏側なのである．

もし政府が国内で生産される財やサーヴィスの所得インフレ率を抑制しようとするならば，生産過程への投入物の所有者の貨幣所得が生産性の改善以上に上昇するのをとにかく抑制しなければならない．生産契約における賃金，給料および他の原材料コストの上昇は，つねにだれかの貨幣所得の増加を意味する．

文明化された社会においては奴隷制が違法とされているので，労働者を雇うための貨幣賃金契約は，すべての生産コストの中で最も一般的なものである．労働コストは，経済における生産契約コストの大部分を占めており，NASAの宇宙船のようなハイテク製品においても例外ではない．これは，なぜ，とくに第2次世界大戦後の25年間において，インフレが通常貨幣賃金インフレと結びついていたかを説明するものである．

賃金契約では，単位時間当たりの貨幣賃金額を規定するのが一般的である．この労働コストに，材料費，間接費および投資利潤を償う利潤マージンないしマークアップをプラスしたものが，生産事業を利益あるものにするために受領されるべき価格に関する経営者の意思決定の基礎になる．もし貨幣賃金が労働生産性に比べて上昇するならば，商品を生産する労働コストは上昇する．その結果，もし企業が収益性と成長力を維持しようとするならば，その販売価格を引き上げなければならない．諸生産コスト，したがって生産諸要素の購入契約価格が経済の至る所で上昇しているとき，われわれは所得インフレーションを経験していることになるのである．

明らかなことだが，所得インフレーションを防ぐためには，生産性との比較における貨幣所得の増加率になんらかの制限が課せられなければならない．最近，経済がより深刻な景気後退に陥っているので，大抵の労働者，家主，貸し手および企業は自らの販売価格を引き上げ，それによって所得インフレ的な情況を作り出せるような力をほとんど持っていない．したがって，オバマ大統領の景気刺激策が所得インフレーションを促進するような情況を作り

出す恐れは,ほとんどないし全く存在しない.オバマ大統領の景気回復計画が米国経済を景気後退から完全に救い出し完全雇用と繁栄への途に引き戻すことができるならば,そしてそのときにこそ,政府は,生産に用いられる投入物が,所得インフレ的な価格引き上げを要求できる状況の生み出されることのないように用心しなければならないであろう.もし将来このような所得インフレーションに苦しむ状態が発生するならば,ケインズ・ソリューションはどのようなものになるのであろうか.

## 所得インフレーションと闘う所得政策

第2次世界大戦後長年の間,ほとんどの先進国での貨幣賃金率の上昇が,所得インフレーションを引き起こす主たる要因であった.なぜこのような賃金-物価インフレが猛威をふるったのかを理解するためには,戦争の結果起こった産業社会の質的変化を明確に理解しなければならない.経済学者のジョン・ケネス・ガルブレイス(John Kenneth Galbraith)が指摘しているように,「市場は,産業社会やそれと結びついた政治的諸制度が成熟するにつれて,物事を取り仕切る力としての権威をすっかり失ってしまっているが……それは,ある意味では,われわれの民主主義精神の現われでもある」[3].

大不況による甚大な被害を経験した後に,民主主義国家の一般市民の間に現れてきた風潮は,人びとが自分の経済的命運をもっとコントロールすべきだと主張することであった.大不況はすべての人に,もし人びとが自らの所得の決定を全く自由市場のなすがままに委ねるならば自分の経済生活をコントロールすることができないということを教えたのである.その結果,第2次世界大戦後,多少とも民主主義的な風潮を持つ社会においては,人びとは,資本主義システムから経済面での保証を要求するのみならず,自分たちが自らの経済的命運を決定する上で主導的役割を演じるべきであると主張した.この主導的役割には,自分の所得をコントロールできる力が必要であった.その結果,労働組合,政治的連合体,経済団体連合および独占的産業などの

## 第5章 国債とインフレーションについての真実

組織間で，より高い所得を自分の方に取り込もうとする権力闘争が起こり，これが所得インフレーションをもたらすこととなったのである．

　政府が完全雇用政策を追求することを保証しているかぎり，利己心に基づいた労働者，労働組合および企業経営者のすべてにとって，自分たちの価格や貨幣所得の引き上げ要求が，売上げの喪失や失業に終わることを恐れる必要はほとんどないことになる．政府が，完全雇用の生産水準に近い状態に経済を維持するために十分な総有効需要を作り出す責任を引き受けているかぎり，所得インフレーションをもたらすこの繰り返し発生する所得分配をめぐる争いを差し止めるなんらのインセンティブも，市場には存在しないであろう．

　なんらかの公表された計画的所得抑制策を伴わない完全雇用政策は，現在雇用されている人よりも低い賃金を受け入れることによって職を得たいと思う失業者の，カール・マルクス（Karl Marx）が軽蔑的に呼んだ「産業予備軍」が，もはや存在しないことを確実にするものである．大多数の失業者が存在するかぎり，企業はより高い賃金を求める労働者の要求をはねつけることができる．同じような技能を持った大多数の失業者が存在すれば，現在雇用されている人は，自分がなお働き口を持っており所得を稼ぐことができていることに感謝の気持ちを抱くようになる．したがって雇用されている労働者たちは，景気後退や高水準の失業労働者の存在をものともせずに攻撃的でより高い賃金を要求するようなことは，しそうにない．自由放任の市場環境のもとでは，失業労働者の割合のかなり高いことが，組織労働者による貨幣賃金アップの要求を抑制する主な要因になる可能性がある．

　1990年代以降，グローバルな自由貿易とともに，中国，インドその他の国々において，欧米で普及している賃金よりもはるかに低い賃金で働きたいと思う，未熟練ないし半熟練労働者のほとんど際限のない供給が可能となり，これが，大抵のブルーカラーや一部のホワイトカラーの仕事に対してさえ現在支払われている貨幣賃金率を引き上げたり現状維持したりできる，西欧労働者の能力を制限している点において，マルクスのいう「失業者の産業予備

軍」のような働きをしている．その結果として高賃金のアメリカ人の働き口をこれら低賃金の国々に外部委託すること（outsourcing）が，労働者の賃金や付加給付を引き上げようとする国内の労働組合の力を減殺しているばかりでなく，米国製造業の基盤の破壊ないし空洞化をもたらしている．第7章においては，こうした外部委託と国際貿易に対処する問題と方策が論じられる．

　自由市場の「見えざる手」の恩恵を信じている古典派の経済学者によれば，外部委託によって自分の働き口を国内の失業者ないし外国人に奪われる心配のない場合には，賃金－所得インフレーションと闘う唯一の方法があるとされる．人びとがもっぱら利己心によって動かされている自由な社会においては，労働者も企業家も，自分のサーヴィスに対してどのような対価をも自由に要求――その要求がたとえインフレ的であったとしても――することができる．そこで所得インフレーションに対する古典派の解決策は，経済を不景気にすることである．それによって古典派理論が暗に意味しているのは，自由社会の権利のひとつが自分に法外な高値をつけて雇い手がつかなくなるようにする権利であるということである．

　もちろん，もし政府が完全雇用経済をつねに追求することを約束しているのならば，おそらく人はけっして自分に法外な高値をつけて雇い手がつかないようにすることはできないであろう．政府が介入せず完全雇用を保証しない自由市場経済においては，労働者や企業家のインフレ的な所得要求がつねに法外な高値をつけて市場で雇い手ないし買い手が付かなくなるのを確実にするひとつのわかりきった方法がある．それは，インフレ的な所得要求の恐れが高まると，国の中央銀行は利子率を引き上げ，それによって民間部門の借入や支出を抑制することである．この金融引き締め政策は，利潤獲得の機会を減少させ，雇用主が労働者を解雇しなければならなくなるという結果をもたらすであろう．失業が増加すると，産業の生産物に対する市場の需要が減少し，企業は賃金あるいは価格を引き上げることに非常に慎重になるであろう．言い換えれば，自由市場論者によって支持される所得政策は，中央銀行が総支出や市場の総需要を意図的に減少させる金融政策を引き受けること

にあるのである．

　例えば，中央銀行は，目標インフレ率が2%であると公表しているものとする．この目標値は，インフレ率の測定値が2%を超えるならば，中央銀行が人びとにそのインフレ的な所得要求を取り下げさせるべく意図的に景気後退の状況を作り出し，人びとの働き口を危うくするであろうと国民に警告するために設定されている．

　言い換えれば，貨幣所得の引き上げを推し進める力が物価を目標率以上に上昇せしめるならば，中央銀行は，たとえその措置が広範囲におよぶ失業と企業の損失を引き起こすとしても，インフレ率が再び目標率の水準へ低下するまで，利子率を引き上げるであろう．したがって，中央銀行は，公表した目標インフレ率を，企業や労働者側に対して，もし自分たちが賃金や物価の上昇を認める（要求する）ならば生活の糧を稼ぐ機会を失う危険に陥るのではないかとの恐れの気持ちを起こさせる手段として，用いているのである．この貨幣所得増額要求を抑制する政策は，「恐れの気持ちを利用した所得政策」と呼ぶことができるかもしれない．その目的は，中央銀行が賃金やその他の所得のどのような大幅なインフレ的要求も市場で容認されることになるのを阻止するためにはどんなことでもするということを，労働者大衆に悟らせることである．市場の需要を十分に減少させることにより，利潤喪失の恐れが労働者の賃金要求を拒否するほど十分に経営者の対決姿勢を強化し，失業の恐れが労働者の賃金および付加給付の改善要求を手控えさせるような，金融引き締め政策が，古典派理論の所得インフレーション抑制政策なのである．

　古典派の理論家たちは，もし独立した中央銀行が景気後退の情況を作り出すことによって断固として所得インフレーションを退治しようとするならば，その結果として生じる国内製品に対する不活発な市場の需要がすべての労働者や企業に，売上げや所得を失う恐れを感じさせるであろうと，信じているのである．われわれは，自由市場観に基づき失業や企業倒産を脅しの材料に使う所得政策に頼っているかぎり，完全雇用にほぼ近い経済繁栄の状態をけ

っして達成することはできないであろう．したがって，中央銀行による「目標インフレ率を設定する」金融政策を唱道する人たちは，恐れ，すなわち国内で財・サーヴィスを生産している企業にとっての仕事，売上げ収入および利潤を失う恐れを利用した所得政策を暗黙裡に支持しているのである．恐れは，国内の生産要素の持ち主たちを付け上がらせないであろうと信じられている．この恐れの気持ちを利用した所得政策を実効あらしめるのに必要な不活発な需要水準は，現代の古典派の経済学者たちが，国内の失業の「自然率」と呼ぶものに依存している．

この目標インフレ率を設定する，恐れの気持ちを利用した所得政策の提唱者が暗黙のうちに想定していることは，もし政府が長期の失業手当や，最低賃金，年金基金への雇用主分担金，従業員のための健康保険，労働条件を保護する法律，労働者の組合への組織化を含むその他の貨幣所得援助を，完全に取り止めるとまではいかないにしても，削減することによって労働市場を「自由化する」ならば，この自然失業率はより低いものになるであろうということである．そのような情況では，労働者はさほど反抗的でなくなるであろうとされているのである．

自由市場の唱道者はしばしば，失業者を保護するための恒久的な社会的安全網が，インフレに対する闘いにおける犠牲者を甘やかすものであり，その結果，労働者が失業者の群れに加わることをほとんど恐れなくなっているとみている．社会のすべての構成員の心に染み込まされた，遍く存在する圧倒的な恐れは，目標インフレ率を設定する野蛮な政策が有効に機能するための必要条件である．必然的に，文明社会がこの闘いの最初の犠牲者になっている．

本質的に，このインフレと闘う自由市場観は，メロン財務長官がフーヴァ大統領に具申した次のような勧告からさほど進歩しているわけではない．「労働を清算しましょう，……そうすれば，このシステムから不健全なものを一掃することになり，……人びとはより勤勉に働き，より道徳的な生活を送るようになるでしょう，……」[4]．

## 第5章　国債とインフレーションについての真実

　中国やインドのような人口の多い国が21世紀のグローバル経済に統合された結果，これらの国の「産業予備軍」が，多くの先進国経済に組み込まれるに至っている．「自由貿易」が推進されるにつれて，高賃金の国内労働者の間に，外国の低賃金の労働者に自分の働き口を奪われるかもしれないとの恐れが芽生え始めている．これら低賃金で人口過剰の国々は，主な先進国での一般的な水準よりはるかに低い賃金で仕事を引き受けたいと思う，失業していて暇な労働者をほとんど無制限に供給することができるのである．この事実は，製造業の仕事や特定のサーヴィス業務の外部委託（例えば，インドにおけるコールセンターのように，生産されるサーヴィスによっては，輸送・通信費用が相対的に低いものがある）の高まりと組み合わさって，過去20年における主要産業国家の労働者の所得要求を大幅に抑制するに至っている．その結果，所得インフレーションは，これらの国内サーヴィス業や外部委託の不可能な（国防などの）製造業に限られている．したがって，西欧産業国家における未熟練および半熟練労働者と，低賃金の仕事を外部委託することができ，同時に生産物の販売による高い利潤マージンや高額の役員給与・賞与を要求することのできる多国籍企業の西欧人の幹部やオーナーとの間で，所得分配上の格差が広がっている．

　古典派理論の所得インフレーション抑制政策を市民に対するあまり文明国にふさわしくないやり方であると考えている人たちにとって，それに取って代わるインフレーション抑制のための所得政策が，インフレに関するケインズの考えから，導き出されうるものと思われる．

　外部委託が労働者に出過ぎたまねをさせない主要な武器となる前の1970年に，ペンシルバニア大学のシドニー・ワイントロープ（Sidney Weintraub）教授は，1973年の石油価格ショックに先立って国々が経験していたインフレ的現象にとってケインズの所得インフレーションの概念が適切であることを悟った．そしてワイントロープは，課税を活用した所得政策（tax-based incomes policy, TIP）と呼ばれる「賢明な」インフレ抑制政策を提案した．TIPは，国内の大企業が国の標準的な生産性向上率を上回る賃

金率の引き上げに同意した場合，その企業を罰するために，法人所得税制を用いることを要求するものであった．このように，税制は，インフレ的な賃金要求に同意した企業を罰するために用いられることになる．TIP が期待していることは，もし賃上げが平均的な生産性上昇率以下に抑えられても，労働者もその他国内の生産過程への投入物の所有者も，そのような非インフレ的な貨幣所得の引き上げを快く受け入れなければならないということである．

ワイントロープは，TIP が所得インフレを抑制するのに所得喪失の恐れに頼らない効果的な政策であろうとすれば，次の2つの条件が必要であると考えた．すなわち，

1. TIP は，恒久的な政策措置でなければならない．
2. TIP は，基準を破った企業に対する懲罰税制でなければならず，基準を守った企業への報奨（助成）税制であってはならない．

TIP は，ひとたび導入されると，けっして撤廃できないであろう．なぜなら，そうでないと，廃止期日が近づくにつれてその効力が失われるからである．ワイントロープは，懲罰課税の大きさは状況次第で変更可能であるが，懲罰の脅威は法令遵守を確保するためにつねに存在しなければならないと述べている．

もし人びとが国の標準賃金を厳守するならばそれらの人びとの税金を減額するという，報奨型の TIP は，行政的に実施不可能であろう．というのも，すべての人が報奨を申請することになり，政府はどの申請者が減税措置を受ける資格がないかを立証しなければならないからである．ワイントロープによれば，TIP は，政府が国の高速道路上の速度制限を守らせようとするやり方に似ているとのことである．もしあなたが制限速度——これはつねに実施されている形であるが——を超過するならば，スピード違反の罰金を支払うことになる．政府は，制限速度を超過しなかった優良ドライバーに対して，

けっして報奨金を支払うことはないのである．

　不幸なことに，米国も他の多くの国も，恒久的な罰則策としてのTIPを，けっして真面目に展開しようとはしなかった．その代わりに，自由貿易の旗印の下に，業務の外部委託がわれわれの所得政策となった．低開発国における低賃金労働者の無尽蔵な供給を容易に利用できる多国籍企業は，それによって国内の賃上げ要求を抑えつけることに成功してきたのである．

　近年，このような所得政策が多くの産業国家に与えた本当の損失が，明らかになってきている．例えば，ドイツとフランスにとって——大不況以来見られなかった——2桁の失業率がしばしば当たり前の現象になっている．

　ワイントロープは，人間に社会的に望ましい文明化された行動を取らせるために，野蛮な（市場の）力ではなく人間的な知性を用いるべきだと終生信じていたが，最終的にかれは，ある種の文明国にふさわしい所得抑制策が，伝統的な古典派の目標インフレ率政策には不可避の不景気にするという副作用を伴うことなくインフレをコントロールするためのより人道的な方法とみなされると考えた．ワイントロープは，文明社会がすべての所得稼得者を公平に取り扱う所得政策を採択するかぎり，完全雇用を目指す経済政策を追求することができると信じたのである．

　言葉と考えは，インフレに対する戦いにおける重要な武器である．主要な産業国家の政府の最も重要な機能のひとつは，貨幣所得の引き上げを目指す各グループの競合する要求が，結局のところ一国の総所得の分配をめぐる争いであるということを国民に認識してもらうことである．自由市場の資本主義システムにおいては，恣意的で不公平な所得分配をめぐるこのような争いは，所得政策がない場合，ある期間相対的な勝者は存在するかもしれないものの，すべての国民にとって勝者がなく現実には敗者しかないゲームになるように思われる．豊かに繁栄している資本主義経済の所得を文明国にふさわしい仕方で分配する所得政策が望ましいことに関して政治的コンセンサスを築き上げることは政府の責任にほかならない．

　歴史上の記録が示していることは，政府がある種の所得政策によっていろ

いろなグループの貨幣所得引き上げ要求を直接抑制する政策を支持する政治的コンセンサスを作り上げることができた 1961 年から 1968 年までの期間中, 経済は, インフレに苦しむことなく繁栄した完全雇用の状態に近づいたということである.

これらのケネディ＝ジョンソン政権時代の数年間, 物価は, 貨幣賃金上昇率が生産性上昇率に見合うよう調整されるのを促す賃金‐物価の「ガイドライン」政策によって抑えられた. これらのガイドラインは全く自発的なものであった. そこには, 労働者や経営者の行動を強制するための報奨金も罰金も存在しなかった. これらのガイドラインはもっぱら, 貨幣所得の要求に関して責任を負う一般市民社会の風潮に依存していて, ケネディ大統領の就任演説における「国家があなた方に何をしてくれるかを問うのではなく, あなた方が国家のために何をなしうるかを問いなさい」という感動的な標語によって補強されたのである. これらの自発的ガイドラインは, 約 8 年間有効に作用した. この間消費者物価指数は 13% 弱しか上昇しなかったが, 実質 GDP は 34% も増加した. しかしながら, ケネディのカリスマ性によって生み出されていた市民的団結は, ヴェトナム戦争のために, 打ち砕かれてしまった. これらのガイドラインに従おうという風潮は, 市民的価値観が堕落し利己主義がより支配的な力となるにつれて, ジョンソン政権末期に消滅してしまった.

とはいえここに, 文明国にふさわしい所得政策が有効に作用することができるという証拠がある. しかしながら, 所得分配に関する良識ある文明化された政策が国内的および国際的に存在しない場合, 政府が, 緊縮的な金融・財政政策を追求したり大企業に生産の外部委託を認めたりすれば, 国内的にも国際的にも, 総所得に関してゼロサムゲームどころか, 実質的にマイナスサムという結果に終わることになるであろう.

今日のグローバルな経済においては, 外部委託が西欧の労働者の生活水準にとって所得分配の不平等の拡大に寄与する主な脅威となっているのみならず, 海外活動に従事できる産業におけるインフレ圧力を削減する上での重要

な力になっており，所得政策を求める声はまれにしか聞こえてこない．しかしながら，もしわれわれが（第7章で示されるように）外部委託の問題を解決することができるならば，政府が完全雇用で繁栄する資本主義経済システムを促進し維持する責任を引き受けようとする場合，政府は所得政策の必要性を認識せざるを得なくなるであろう．

# 第6章

# 経済回復のあとに改革を

　ケインズは,『ニューヨーク・タイムズ』に掲載されたルーズヴェルト大統領に対する 1933 年の公開書簡の中で,大統領は強力な経済復興計画を最優先事項として展開すべきであると勧告した．復興がうまく軌道に乗ってから,大統領は「前々からの懸案である実業界と社会の改革」のための法律の制定に取り組むべきであるとされたのである．これまでの章では,なぜそしてどういう形の経済復興計画が,現在の経済危機に対するケインズ・ソリューションとして必要とされるかを説明してきた．本章と次章では,前々からの懸案であり 2007 年に始まった重大な経済危機にわれわれを巻き込んだ過ちを再び繰り返さないようにするとわたくしの希望する実業界と社会の改革について,説明することとしたい．これらの必要とされる改革は,将来繁栄する経済システムを作り出すのをより容易なものにすることであろう．

　第 1 章は,最近の経済危機の原因が,ルーズヴェルト政権時代に制定された金融制度に関する政府の規則と規制の撤廃にまでさかのぼりうることを指摘した．第 2 章は,銀行制度を証券業や投資銀行から分離した 1933 年のグラス-スティーガル法の制定にいたる経緯と,1970 年代に始まる銀行制度の規制緩和がどのようにして始まったかについて説明した．この規制緩和は,1999 年のグラス-スティーガル法の事実上の廃止で最高潮に達したが,このことは,銀行や投資銀行家たちが,債務担保証券（CDO）や投資運用会社（SIV）の扱う特殊な金融資産などの複雑な住宅ローン担保証券を「証券化」するための市場を,考案し組織することへの歯止めを解く結果となった．そ

こで投資銀行家たちは，多くの非流動的な住宅ローンを住宅ローン担保証券にひとまとめにすることにより，その結果生み出された仕組み金融派生商品が現金と同じくらい流動性がありながら高い収益性も見込めることを投資家に保証したのである．

ある投資銀行が多くの非流動的な住宅ローンをひとまとめにし，それを行なった同じ投資銀行によって組織された市場で売買可能な新種の金融商品に仕立て上げることは，金融の証券化といわれる．われわれの今日の危機をもたらしたのは，アメリカにおける最大手の投資銀行によって推進された，このような制御の効かなくなった「金融の証券化」事業である．グリーンスパンは，何がこれらの複雑な金融商品の取引される組織化された金融市場の大崩壊を引き起こしたのかを説明できず困っていることを認めた．しかしながら，第4章で論じたように，資本主義システムにおける貨幣の役割と流動性についてのケインズの考えは，この金融の証券化が最近の経済的混乱をなぜ引き起こしたのかを理解するための基礎をわれわれに提供してくれているのである．

## 金融の証券化，流動性および金融市場の失敗[1]

グラス－スティーガル法が撤廃された後，たとえ借り手が通常の基準では融資を受ける資格がないと考えられる場合でも，とにかく住宅ローンを実行しそれをすぐ他人に売却してしまうという動きが，サブプライムローン危機をもたらしたのである．2008年の半ばには，各国政府は，この危機が米国，英国および他の多くの国における民間銀行制度の活力にとって脅威となることを認識し始めていた．

当初は，米国におけるサブプライムローン問題として理解されているに過ぎなかったが，やがていくつかの主要投資銀行が多くの住宅ローンを一まとめにした上でそれを「切り分け」，その後その各部分を混ぜ合わせ金融派生商品に仕立てあげるようになって，難しい問題が発生した．格付機関は，こ

れらがきわめて安全で流動性のある資産であるとの引受業者の主張にお墨付を与えた．これらの金融派生商品の購入者は，手持ちの購買力を将来に先送りするための流動的なタイムマシンであるとともに無限の将来まで高収益をもたらしてもくれる資産を求める一般市民と機関投資家であった．

　これらの金融資産を編み出した投資銀行家たちはまた，これらの証券を売買できる市場を作り上げた．突然2007年と2008年に，これらの金融資産の多くがその流動性を失ってしまい，たとえそれら金融資産が売却できたとしても，その市場価値は「投げ売り価格」としばしば呼ばれる水準にまで急落した．

　このように市場が，資産保有者に対しその資産の売却に当たり市場価格の秩序ある値動きを保証することができなくなる現象は，他の市場にも伝染しやすいことが明らかになった．無秩序な値動きは，ARS市場（auction-rate securities market: 金利水準が1週間ないし1カ月単位で実施される入札によって決定される債券市場）のような他の市場にも波及するようになったのである．これらARS市場は，2008年に入るまでは機能不全に陥るケースがほとんど存在しなかったにもかかわらず，2008年1月〜2月の間だけで1,000件以上もの売買不成立を経験した．これら証券化資産市場における失敗とそうした失敗の他の市場への伝染を引き起こし，その結果として市場の機能不全のおびただしい増加をもたらしたのは，いったい何であったのであろうか．

　そうした問いに対する答えは簡単である．経済学者，金融市場規制当局および市場参加者はケインズの流動性選好説を忘れてしまい，その代わりに古典派の効率的市場理論が現実世界の金融市場の動きを理解するための有効なモデルであるという考えを丸ごと鵜呑みにしたためである．効率的市場理論の示唆するところは，もし十分な情報を持った買い手と売り手が規制のない自由な金融市場で結び合わされるならば，そこでの市場価格はつねに秩序ある仕方で市場清算価格に調整されるであろうということである．この市場清算価格は，これら派生商品を裏付けている原住宅ローンが生み出す将来のキ

ャッシュフローから保険数理的に「割り出された」収益性を表わす市場の「基礎的諸要因」に基づいていることになるであろう．不幸なことに，もし将来が不確実で現存するデータを基礎にして信頼できる予測ができないならば，割り振ることのできる確実な保険数理的な価値は存在しないことになる．それでは，ある時点におけるそのような有価証券の市場価格を決定するのは，何であろうか．

　コンピューター出現以前の時代には，単一の場所で取引をするのに十分な買い手と売り手を確実に集めるため，金融市場は，買い手と売り手が取引のために（例えば，株式取引所のような）ある物理的な場所に集まる取引人によって代表されることを義務づけた．しかしながら，これらの株式取引のメンバーは，取引日のどの時点においても，よく組織化され秩序ある市場を維持するのに十分な数の買い手と売り手を集めることの難しいことを悟った．そこで，すべての市場参加者に，市場で売買を行なうことを許された公認のブローカー・ディーラーとのみ取引をするよう求める金融市場規則を採用することが必要とされた．ブローカー・ディーラーは，ニューヨーク証券取引所では「スペシャリスト」と呼ばれ，株式取引の他のメンバーに注文を出す受託業者として行動した．各スペシャリストは，それぞれの有価証券に対する，どのような価格での売買注文もすべて請合った．

　有価証券の市場価格が秩序ある仕方で変化するのを確実にするために，スペシャリストたちは，取引価格が直前の水準より無秩序に変化するのを阻止する「マーケットメーカー」として行動することが期待された．例えば，もし取引日中のある時点で，売り手の数が買い手の数をはるかに上回っているならば，スペシャリストたちには，どのような市場価格の変化にも秩序正しさを維持する目的で，自己勘定で買い出動することが求められた（またもし買い手が売り手を大きく上回っているならば，逆に売り出動することが求められた）のである．取引資産の所有者に，直前に公表された価格に近い市場価格で容易に換金できることを確信させるのに必要な条件とは，この秩序ある値動きである．言い換えれば，これらの市場においては**秩序ある値動きは**

**流動性を維持するために必要とされる**のである．

　現代の効率的金融市場理論は，これらの巧妙に作られたマーケットメーカーとしてのスペシャリストという制度的取り決めが，コンピューター時代には古臭くなっているとほのめかしている．古典派の効率的市場理論が暗に意味していることは，コンピューターとインターネットを用いることによって，膨大な数の買い手と売り手が仮想空間で瞬時に効率よく出会うことができるということである．その結果，この理論の唱道者たちは，人間が値付けするスペシャリストとして行動する必要はないと言っている．コンピューターが売りと買いの注文を記帳し，両者を秩序あるやり方で，過去にこれらのことを行なってきた人間よりもはるかに迅速かつ安価に，突き合わせることができるとされるのである．

　この古典派の効率的市場理論の基礎にあるのは，グリーンスパンやサマーズからの先の引用文が示しているように，取引される金融資産の価値はすでに前もって今日の市場の基礎的諸要因によって（少なくとも長期においては[2]）決定されているという想定である．

　機能不全に陥った多くの金融市場において，投資家に将来のキャッシュフローを提供するはずの基礎になっている金融証券は，住宅ローン，長期社債や地方債といった長期の債務証券であることが多かった．これらの市場が効率的であるための必要条件は，債務者が契約上の返済義務としての**将来の**すべての現金支払いを行なうことができなくなる確率的リスクが保険数理的な確実性をもって知ることができるということである．将来についてのこのような知識を持っていると想定すれば，自分の利己心に最も合致した利潤獲得の機会を選択することができることになる．

　古典派の理論家たちは，これら債務証券に代表される取引資産の仮説上の保険数理的価値（すなわち，市場の基礎的諸要因に基づく価格）をめぐるどのような観察される市場価格の変動も，統計的なホワイトノイズであると想定している．そこで，標本の規模が大きくなればなるほど，その分散（すなわち，ホワイトノイズの計測数値）が小さくなることは，どのような統計学

者でも指摘するところである．言い換えれば，標本の規模が大きくなればなるほど，実際の市場価格のとる値は基礎的諸要因によって決定される市場価格により近づいていくということである．

コンピューターは，それが出現する以前の旧来の仕組みの市場よりも，はるかに多くの買い手と売り手をグローバルに引き合わせることができるから，コンピューター時代の取引参加者という標本の規模は飛躍的に増加するであろう．したがって，もし読者が古典派の効率的市場理論を信じているのならば，コンピューターに市場を組織する手伝いをさせれば分散は顕著に低下し，コンピューター出現以前の時代にそうであったよりも，はるかによく組織化され秩序ある市場のでき上がる可能性が高まるであろう．

その結果，グリーンスパンのような古典派の効率的市場理論の唱道者たちは，これらの資産の保有者たちにとっての確率的リスクを分散させることがはるかに効率的であり，個々の取引コストも大幅に削減できると示唆している．すでに指摘したように，この古典派の効率的市場理論の根底にあるのは，将来の成り行きは分かっているという基本的な考え方（エルゴード性の公理）である．

古典派の効率的市場理論を信じている者にとって，コンピューターによって引き合わせることのできるおびただしい数の買い手と売り手が存在するという想定は，取引される資産が非常に流動的であることを保証することになる．したがって，効率的金融市場の世界においては，市場で取引される資産の保有者は，そうしたいと思うときにはいつでも，直近に公表された市場価格に近い価格でその保有資産を容易に換金することができるとされるのである．もしこの理論がわれわれの世界に適用されるというのならば，投資家が突然換金できない投資物件で身動きが取れなくなっていることに気付くという意味での，あまりにも多い証券化資産市場の機能不全をいったいどのように説明することができるのであろうか．

## なぜ証券化資産市場は機能不全に陥ったのか

　第4章で展開されたケインズの流動性理論は，なぜ証券化資産の市場が機能不全に陥り，それら資産が突如として非流動的になったのかを説明するための基礎を提供してくれる．ケインズが主張したのは，経済の将来の成り行きが不確実であり，したがってどのような効率的市場理論にとっても基本とされる古典派のエルゴード性の公理が現実世界の金融市場には当てはまらないということである．

　不確実なわれわれの世界においては，金融市場の主たる機能は，諸資産の転売をつうじて流動性を提供することである．第4章で指摘したように，どのような組織化された市場で取引される資産の流動性の度合も，つねに秩序ある転売市場が存在するという考えに対する人びとの信頼を醸成しようとする信用のおけるマーケットメーカーの存在によって高められるであろう．マーケットメーカーの存在が資産保有者に示していることは，もし売りに出された有価証券を適正に引き下げられた価格で購入したいという買い手が現れないならば，マーケットメーカーが秩序を維持するために，たとえそうすることが自己勘定で購入しなければならないことを意味するとしても，最善を尽くすであろうということである．言い換えれば，マーケットメーカーが存在する市場においては，資産の保有者は，自分たちがいつでも速やかな出口戦略を取ることができ保有資産を容易に換金することができると，確信していて差し支えないのである．

　もしマーケットメーカーが滝のように降りかかってきた売り注文を前にして十分な現金でもって市場を支えることができないならば，市場は機能不全に陥り，資産は事実上非流動的なものになるであろう．マーケットメーカーが秩序ある値動きを取り戻すのに十分な追加的支援を市場の買い手側のために呼び集めることができるまで，取引は停止されるであろう．

　言い換えれば，将来が不確実でたんに確率的にリスキーというだけではな

い世界において，秩序ある流動的な転売市場が存在するためには，売り注文一色となったときでも，潮流に逆らって買い行動に出ることを大衆に請け合うような**マーケットメーカーが存在しなければならないのである**．したがって，マーケットメーカーは手元資金を潤沢にもっているか，あるいは必要とあらばかなりの金額の資金を入手できなければならない．にもかかわらず，どのような民間のマーケットメーカーにも，滝のような売り注文に立ち向かって自分の現金準備を使い果たしてしまうような事態が十分起こりうるであろう．そしてマーケットメーカーが金融市場の秩序を維持するのに必要な資金を得るために国の中央銀行を直接的ないし間接的に容易に利用できる方策が整っている場合に**のみ**，最も厳しい市場の状態の下でさえ流動性は保証されうるであろう．このような中央銀行に対する優先的なアクセスをもっているマーケットメーカーだけが，起こりうるどのような悲惨な金融市場の崩壊をも食い止めるのに十分な資金をつねに調達することができると，確信していて差し支えないのである．

このことの興味ある実例は，2001年9月11日の世界貿易センターと国防総省へのテロリストによる攻撃後の数日の間に起こった．世界貿易センターが崩壊したとき，ニューヨークの金融市場や米国政府に対する公衆の信頼もまた崩壊するのではないかとの懸念が強まった．連邦準備制度は，攻撃後の2日間における国債市場への信頼を維持するために，450億ドルもの資金を銀行業界に供給した．それと同時に，ニューヨークのプライマリー・ディーラーが国債の「値付けをする」役割を受け持っているので，「連邦準備制度は，木曜日［2001年9月13日］に——連邦準備制度から直接借入れのできない投資銀行を含む——プライマリー・ディーラーの資金繰り面の懸念を和らげるため，ディーラーから売りの申し出のあった702億ドル相当の政府証券をすべて即刻購入した．また金曜日には，記録的な812.5億ドルもの政府証券を購入して，銀行業界にさらに資金を注ぎ込んだ」[3]と，9月11日から程なくして『ウォールストリート・ジャーナル』は報じている．

実際には，連邦準備制度は貨幣と引き換えに財務省証券を買い取ったわけ

## 第6章　経済回復のあとに改革を

であり，それは，公衆の中で国債を買いに駆け込んでくる人がほとんどいない一方で，テロリストの攻撃後の将来を心配して自己のポートフォリオから国債を除きたいと思う公衆の中の多くの人たちから，容易に換金できない手持ちの国債を取り除いたということを意味する．連邦準備制度は，9月11日後の数日間で，国債市場のマーケットメーカーである金融仲介機関がいつでも流動性を入手できる状態にした．また公衆のだれであっても，望みさえすれば，秩序ある国債市場で速やかな出口戦略を取ることができるようになったのである．

『ウォールストリート・ジャーナル』はまた，ニューヨーク証券取引所がテロリストの攻撃以来はじめて再開される9月17日の直前に，連邦準備制度の買い行動のおかげで潤沢な流動性を得ていた投資銀行のゴールドマン・サックスが，ある大手オープン・エンド型投信グループの投資担当役員に電話し，投資運用担当者が売りたいと思うどのような株式も購入する用意があると伝えたと，報じている．『ウォールストリート・ジャーナル』は，同時に企業も「規制当局により新たに緩和された株式買戻し規則に進んで便乗しようとした」と書いている．これらの企業は，公衆の保有していた有価証券を買い戻し，かれらの有価証券の価格を支えることによって値付けに寄与したのである．

より最近のケースでは，2008年3月13日，連邦準備制度は，ベアー・スターンズが所有する基本的に非流動的な住宅ローン担保証券を担保として，JPモルガン・チェースを経由してベアー・スターンズに融資を実行する契約を締結した．これにより，ベアー・スターンズは，3月14日満期の「レポ（repo）」（買い戻し条件）[4]付き借入債務を返済するのに十分な流動性を得ようとして，すでに機能不全に陥っている市場で有価証券を投げ売りしないで済むことになった．したがって，ベアー・スターンズは，一息つく間を得たことになり，金融市場への売り圧力は，少なくとも一時的に緩和された．JPモルガンは，ベアー・スターンズへの融資を引き出すいわばパイプであった．なぜなら，モルガンは連邦準備制度の割引窓口を利用できる立場にあ

り連邦準備制度の管理・監督下にあるからである．にもかかわらず，3月13日の時点で明らかであったことは，もしベアー・スターンズが破綻し，その担保が融資額を償うのに十分でないならば，損をするのは連邦準備制度であってJPモルガンではないということである．

　3月16日(日)の夕刻に，連邦準備制度とモルガンは，モルガンがベアー・スターンズを1株当たり2ドルの投げ売り価格で買収すると発表した．(ベアー・スターンズの株式の3月14日(金)の終値は，1株当たり30ドルであった．)さらに連邦準備制度は，モルガンに対しベアー・スターンズの買収によって引き継いだ非流動的資産をまかなう資金として300億ドルを限度として融資することに同意した．本質的に連邦準備制度は，1989年の貯蓄貸付組合の支払い不能危機のとき，破綻した貯蓄貸付銀行の非流動的資産を処理した整理信託公社とほとんど同じ行動を取ったことになる[5]．連邦準備制度の行動は，JPモルガンが，ベアー・スターンズから引き継いだ債務を償還するためにその資産を市場で投げ売りしなければならないのを防ぐ結果となった．

　2001年9月11日以降の連邦準備制度の活動がはっきりと示していることは，中央銀行が一般大衆向けに売りに出される可能性のある有価証券の供給量を削減することによって，直接的あるいは間接的に証券価格の値付けを行なうことができるということである．そこで公衆は，金融資産の市場価格を無秩序な仕方で下落させることなく，自らの強まった弱気傾向を貨幣保有の増加によって満足させることができるのである．公衆の弱気の高まりが収まるまで，中央銀行とマーケットメーカーは，流動的資産の現在高のうち公衆が所有することを望まない部分を保有し続けることができるのである．

　要するに，マーケットメーカーの存在は，他のすべての条件が同じならば，取引される資産に対しより高い流動性を与える．しかしながらこの保証は，中央銀行が進んでマーケットメーカーに資金を提供するための直接的行動を取るか，あるいは間接的に資金を供給することがなければ，厳しい大量売りの状況では意味をなさなくなる可能性がある．もしマーケットメーカーが自

己資金を使い果たしてしまい，また中央銀行による間接的な支援も得られないとすれば，資産は一時的に非流動的になる．それにもかかわらず，マーケットメーカーが買い手側を支え，それによって市場に流動性を回復させるために考えられる最善の努力を行なってくれていることを，資産保有者は「知っている」のである．

マーケットメーカーのいない市場においては，ある資産の明白な流動性がほとんど瞬時になくなってしまう可能性も十分考えられ，さらに，だれかが市場に流動性を回復させるために努力してくれていると確信できる何の根拠もないのである．

効率的市場の唱道者たちは，必要とされるのがただコンピューターを基礎とした市場組織であると想定しており，そこでは大多数の資産保有者が売りたいと思っているときはいつでも，コンピューターがつねにその有価証券を購入するのに十分な人数の市場参加者を探し見つけ出すであろうと考えられている．結局のところ，効率的市場において均衡価格以外の価格での買い手と売り手のホワイトノイズは，基礎的諸要因によって決定される価格を中心とした正規分布を示すと想定されている．したがって，金融市場の売りと買いのいずれのサイドにも市場参加者が不足するという事態は起こり得ないと，初めから仮定されているのである．

2008年2月の初めの週に，多くの住宅ローン担保証券市場やARS市場が機能不全に陥ったことからすると，コンピューターがこれらの市場における秩序を維持するのに十分な買い手を見つけ出すことができなかったことは明らかである．さらにコンピューターは，ほとんどすべての人が直近の市場価格ないしそれに近い価格で売却したいと思っているときに，機能不全に陥った市場に自動的に入り込み購入を始めるようにはプログラムされていないのである．ARS市場（やその他多くの証券化資産市場）を組織し支援している投資銀行家たちは，マーケットメーカーとして振る舞おうとはしないであろう．かれらは，市場が開かれる前に「価格協議（price talk）」[6]を行ない，今日の市場清算価格の予想される範囲を顧客たちにそれとなく知らせている

ようである．しかしながら，これらの価格協議を行なう金融機関は，自分の言ったことを行動で裏打ちするわけではない．というのも，たとえ市場清算価格がかれらの価格協議での推定値を大幅に下回ったとしても，かれらはマーケットメーカーとして振る舞うよう義務づけられているわけではないからである．

にもかかわらず，これらの投資銀行の代表者たちが顧客に対し，これらの証券化された資産は「『現金に相当するもの』である」と語ったという多くの報道がある．多くの保有者は，自分たちの保有資産には非常に高い流動性があると信じた．なぜなら，そもそもゴールドマン・サックス，リーマン・ブラザーズおよびメリル・リンチのような大手金融機関が市場を組織し，平常では価格協議も行なっていたからである．2008年2月15日付『ニューヨーク・タイムズ』のある記事は，次のように報じている．「いく人かの富裕な投資家は今週，ゴールドマン・サックスから大きなショックを受けた．というのも，ウォール街で最も著名な銀行であるゴールドマンは，投資家たちが現金と同じくらい安全だと聞かされていた投資から資金を引き上げようとするのを差し止めたからである．……ゴールドマン，リーマン・ブラザーズ，メリル・リンチなどが，投資家たちに，これらの証券の市場が凍結され，したがって，投資家の資金も凍結されると伝えつつあったのである」[7]．

信頼できるマーケットメーカーのいないことは，これらの資産が容易に非流動的なものになる可能性があることを示している．もしこれらの投資家が古典派の効率的市場理論というセイレン〔ギリシア神話にある半女半鳥の海の精〕に惑わされることなく，ケインズの流動性分析が説く厳しい現実を学んでいたならば，かれらはけっしてこれらの市場に参加しなかったであろう．米国の証券法制と規制は，投資家たちが情報に基づく正しい意思決定をすることができるように，十分な情報提供に配慮すべきではなかったのだろうか．

最後に，わたくしは，信用危機という大混乱を加速させたもうひとつの金融的術策の存在について書き留めなければならない．それは，クレジット・デフォルト・スワップ（CDS），すなわち，債務不履行に対する保険を提供

するはずの手段として知られる革新的な金融商品のことである．この金融商品は米国の金融サーヴィス会社によって開発されたものであり，将来が統計的に予測でき，したがって予測可能な生命保険や火災保険と同じように保険を掛けることができるという効率的市場の考えの下に運営されている．それゆえ，債務不履行は過去のデータに基づいて予測できるとされたのである．

しかしながら，もし将来の出来事が過去および現在のデータに基づいて的確には予測され得ないならば，市場が金融債権の保有者に起こりうる借り手の債務不履行に備える保険手段を提供するための保険数理的な基礎など存在しないであろう．

ところが近年，これらのCDSを保険商品として売り出すことが巨大なビジネスになった．2000年商品取引現代化法（Commodity Trading Modernization Act of 2000）が，この金融商品の展開を促進したといえる．この法律は，1999年のクリスマス直前に急いで議会を通過し，2000年1月にクリントン大統領によって署名された．この法案の発起人である，テキサス州選出のグラム上院議員は，この法律により，証券取引委員会と商品先物取引委員会という2つの政府規制機関のどちらもが，新たに開発される新種の金融商品，とくにこれらのCDSを確実に規制できなくなるであろうと断言したといわれている．グラムは，この法案の通過が金融機関を過剰な規制から解放し，米国の金融サーヴィス会社に革新的な金融市場商品を育て上げる点での世界的リーダーの地位を占めさせることになるであろうと主張している．

CDSは，それがあたかも保険証券でもあるかのように販売された．したがって，もしある債務不履行が起これば買い手は付保された全額の支払いを受けるという保証と引き換えに，金融債権の現在価値の一定パーセントに等しい年間保険料を支払った．これらのCDSは規制を受けていないので，どの政府機関も，この保険の売り手が，債務不履行の起きたときに保険金を支払うのに十分な準備金を保持しているかどうかを，確認していない．

さらに，規制がないために，この保険の購入者〔契約者〕は，「被保険利益」を持っている，すなわち，債務不履行に備えて保険がかけられるような

特定の債権の保有者である必要はないとされている．付保されるべき金融債権を保有していなくても，明らかに債務不履行が起こりそうだという賭けをしたい人はだれでも，CDS を購入することができるのである．言い換えれば，購入者は，保険金額の x% の年間保険料を払いさえすれば賭けをすることができたことになる．もし保険期間内に債務不履行が起きれば，賭けをした人は年間保険料という掛け金の数倍の金額を受け取ることになるであろう．多くの人は，この抜け穴を利用して，起こりうる債務不履行に関して賭けを行なったのである．2007 年には，これらのクレジット・スワップ派生資産の市場は，45 兆ドル——全米株式市場のほとんど4倍の大きさ——を超えた．明らかに，どの保険会社グループも，そのように膨大な保険契約市場の保険を引き受けるのに十分な準備金を持つことはできなかった．さらにより重要なことだが，これらの金融市場が非エルゴード的な過程によって支配されており，したがって，債務不履行の発生が不確実で，だれも債務不履行の確率的リスクを推計できないときに，だれがどのようにして，この45兆ドルの保険のために必要な準備金額を算出することができるであろうか．

世界第16位の巨大な株式公開会社であり，世界最大の保険会社であるアメリカン・インターナショナル・グループ（AIG）は，起こりうる債務不履行から守るための CDS 保険を販売することで，大規模な事業を展開した．債務不履行がとくに多くの証券化市場で起こったとき，AIG は流動性の危機に陥った．2008 年9月には，AIG は同社が見積もっていた損失総額を数十億ドルも上回る損失をこうむっていたと報じられた．AIG は，連邦準備や財務省が救済のために数十億ドルを提供することがなかったならば，履行されない債権の保有者たちに対し契約上の義務を履行することができなかったであろう．2009 年2月に政府は，AIG を救済するために1500億ドルを提供していたのである．

ケインズが主張しているように，もし将来の成り行きについての確かな予測が過去の市場データによっては可能でないのならば，CDS に基づく保険金の支払額を保険数理的に推計することはできない．もし商品取引現代化法

がCDS市場の規制を撤廃していなかったら，州の保険業規制当局は，発生しうる損失についての信頼できる保険数理的な推計を得ることが不可能であるにもかかわらず債務不履行という事象を付保対象とする，このようなCDSを販売するのを，停止させることができていたかもしれない．

## 政策対応

　機能不全に陥りつつある証券化市場に対する政府の政策対応は，次の2つの部分に分けられる．すなわち，このような公開の金融市場の広範囲な機能不全が将来再び起こることを防止することである．それから，これらの証券化市場における最近の信用梗塞が不景気をもたらす効果を最小にすることである．

　再発防止は，2つの政策対応の中では比較的論じやすいものである．

### 将来の問題発生の防止

　証券取引委員会のウェブページによれば，「米国証券取引委員会の使命は，投資家を保護し，公正で秩序ありかつ効率的な市場を維持し，資本形成を容易にすることにある」．そしてウェブページはさらに続けて1933年の証券法は2つの基本的な目的を持っていたと記している．すなわち，「公売に供されている有価証券に関する，金融上およびその他の重要な情報を投資家が受けることができるよう命ずることと，有価証券の販売において詐欺や不実表示やその他の不正手段を禁止することである」．

　SECの規制は，資産の買い手と売り手が通常お互いに自分がだれであるかを明らかにしないような，公開の金融市場に適用されるのが普通である．公開の金融市場においては，各買い手は特定の個人にかかわらない市場から購入し，各売り手は特定の個人にかかわらない市場に対し販売する．これらの公開市場が秩序あるものであることを投資家に保証することは，SECの責務である．

これとは対照的に，非公開の金融市場においては，金融資産の買い手も売り手も，お互いに自分がだれであるかを明らかにしている．例えば，銀行貸付は通常，銀行の経営者が借り手について知っているような相対市場での取引である．このような銀行貸付は SEC の監査を受けることはなかった．グラス－スティーガル法の下では，このような相対市場で生み出された銀行貸付を転売するための公開の有価証券市場は存在しなかった．相対市場での取引から生まれた資産には，伝統的に流動性がなかったのである．

SEC はまたウェブページで次のように言明している．「ますます多くの初めて投資をしようとする人たちが，自分の将来をより安定したものにし，住宅ローンを返済し，子供たちを大学に行かせる為に市場に助けを求めるようになっている折から，投資家保護というわれわれの使命は，これまで以上に重大なものとなっている」．今日の機能不全に陥ったり陥りつつある公開の金融証券化市場を考えれば，SEC は，投資家保護というその決められた使命を遂行する点でいささか怠慢であったように思われる．したがって，議会は，SEC に対し次の 2 つの規則を精力的に励行するよう要求すべきである．

1. SEC は，信頼できるマーケットメーカーを持たない公開市場に対し，非流動的になる可能性についての警告を公表するよう要求すべきである．
2. SEC は，非公開の市場で発生した資産のための公開市場を作り出そうとするどのような金融の証券化も禁止すべきである．

さらに，

3. 議会は，21 世紀版のグラス－スティーガル法を制定すべきである．

わたくしはここで，上記 3 項目について順次論じていくこととしたい．20 世紀の最後の四半世紀に，大手の金融引受業者たちは公開市場を作り上げてきたが，それらの市場は金融の証券化をつうじて長期債務証書（それらの中には，例えば住宅ローンのように非常に非流動的なものも含まれる）を，収益性が高く非常に流動性のある短期金融市場投資信託やその他の短期金融市

場連動型預金勘定と実質的に同価値のものに変換させたかのように思われた．先に引用された新聞記事が示しているように，引受業者たる投資銀行が社会的に高い地位にあることやその代表者が顧客に対しはっきり述べていることから，個人投資家たちは投資資産持ち高を，公表された直前の取引価格から秩序ある仕方で変化した価格で換金できると考えるに至ったのである．

　これらの証券化資産が高い流動性を持っているという考えは，幻想であることがわかった．購入者たちが，もし市場組織に関して契約書本文より小さい文字で印刷されたすべての注意事項について十分知らされていたならば，これらの資産の流動性が低くなる可能性を悟っていたかもしれない．例えば，ARS市場においては，市場の組織者である引受業者は自己勘定で購入することができるが，かれらには秩序ある市場を維持する義務はない．SECの権限は秩序ある公開金融市場を保証し，「公売に供されている有価証券に関する，金融上およびその他の重要な情報を投資家が受けることができるよう命ずることと，有価証券の販売において詐欺［や］不実表示……を禁止することである」から，(1)信頼できるマーケットメーカーを置かずに組織された公開の金融市場は，無秩序に陥る可能性があるためすべて閉鎖されるべきである，ないしは(2)少なくともそのような資産が非流動的なものになる可能性に関する情報は広く公表され，金融証券化市場で取引されている資産の各購入者に対し与えられるべき最も重要な情報の一部とされるべきである，のは明らかであるように思われる．

　マーケットメーカー制度を持っていない金融市場を閉鎖するのは，厳しい政治的抵抗を受けるであろう．金融界は，資金の電子振替が容易なグローバルな経済において，そのような禁止措置がただたんに投資家たちに海外の金融市場や引受業者と取引するのを助長し，国内の金融機関や資金供給を受けようとする国内産業を損なうだけであると，主張することであろう．

　国際貿易と決済とのかかわり合いの問題を含む必要な改革を論じる第8章において，わたくしは革新的な国際決済システムを整えることに関するケインズの考えを発展させた．わたくしの提案するシステムは，1944年のブレ

トン・ウッズ会議でケインズが提案し，米国によって拒否された計画案を少しばかり変形したものである．もしケインズの計画案の現代版が実施に移されていれば，それは，外国企業の守っていない SEC の規則を遵守している米国企業にとって不利であると米国が考える海外の金融市場で，米国の住民が取引するのを止めさせることができるであろう．しかしながら，もし国際決済システムを改革しようとする政治的意志がなく現在のシステムがそのまま継続されていると想定すれば，金融サーヴィス産業における米国企業の働き口と利益が海外の企業に奪われてしまうという懸念が金融界になお存在するかもしれない．その場合 SEC は，信頼すべきマーケットメーカーを持たない公開金融市場の存在を，これらの市場で取引される資産の保有者にその資産の流動性がなくなる可能性のあることをはっきりと公表するよう市場組織者に要求する限りは，認めてもいいだろう．

　文明化された社会では，健康に有害な効果を及ぼす可能性のある製品が売られている市場に対して**買主の自己責任の原則**〔売り手は，とくに保証を与えた場合を除き商品の品質の責任を負わないという原則〕は認められない．喫煙は健康にとってはなはだ危険であるとの一般的情報が広く行きわたっているにもかかわらず，政府の規制はなお，紙巻タバコの会社に対し紙巻タバコの各包みに肉太の字で「喫煙はあなたの健康を害する可能性があります」という警告を印刷するよう命じている．同様にまた，信頼できるマーケットメーカーを持たない形で組織された公開の金融市場でのどのような資産購入も，購入者の金融的な健全性に深刻な影響を及ぼす可能性があるので，SEC は信頼できるマーケットメーカーを持たない市場で取引される資産の潜在的な購入者に対して，以下のような警告を命じるべきであろう．

　　この市場は，証券取引委員会公認の信頼できるマーケットメーカーによっては組織されていない．そのため，取引される資産の流動性を維持することができないかもしれない．資産の保有者は，これら市場における投資資産持ち高が凍結され，保有資産を現金化できない事態になるかもしれないことを認識すべき

である．

　さらにまた，SEC は，ある法人がどのような金融市場においても信頼できるマーケットメーカーとして認定されるための，所有していなければならない金融資産の最低額に関する厳格に執行される規則を設定しなければならない．SEC は，すべてのマーケットメーカーに対し定期的に，少なくとも年に1回は認定の更新をしなければならないであろう．

　公衆相手に商売をする投資信託の経営者が，SEC 公認の信頼できるマーケットメーカーを置かずに運営されている金融市場に参加したいと考えるかぎり，そのような有価証券のみを扱う別の独立した投資信託を立ち上げなければならない．これら特殊な投資信託は，先に述べたような警告を肉太の文字で公示しなければならない．この警告は，投資家がこの特殊な投資信託へ預けた資産の現況についての事業報告を電子メールや通常郵便で受けるたびごとのみならず，これらのファンドに投資を行なうときはいつでも，繰り返されなければならない．

　SEC が執行すべき第2番目の規則は，非公開の市場で組成された資産（例えば，住宅ローンや商業銀行貸出など）のために公開の市場を創設しようとする金融の証券化を禁ずることである．担保物件の状況や立地，借り手の信用度およびすべての住宅ローンのその他の諸要因があまりにも個々別々であるので，投資家や格付会社は，多くの住宅ローンをまとめてひとつの投資媒体にした金融資産の価値を評価することのできる方法を持たないのである．したがって，そのような資産の証券化を禁止することはすべての投資家にとって必要な保護措置であり，それはちょうど純正食品・薬品法が，消費者の独力では検査できない有毒な商品を購入することから消費者を守っているのと同じである．

　第3の項目は，議会が21世紀版のグラス‐スティーガル法を制定すべきであるということである．そのような法律の目的は，金融機関に対して，非公開の金融市場で個々の顧客に対し貸付を行なう普通銀行か，それとも公開

の金融市場で生み出され転売できる証券のみを取り扱うことのできる引受ブローカーかのいずれかとなるよう強制することである．

すでに述べたように，いかにしてグラス-スティーガル法の撤廃が，金融の証券化と，いわゆるスーパーマーケット型銀行業モデル――そこでは単独の金融機関が個人の銀行勘定や貸付から，非常に複雑な金融市場商品を作り出し販売することを含む投資銀行活動までの広範囲な金融サーヴィスを提供する――の創設とへの歯止めを解いてしまったのかを明らかにした．このスーパーマーケット型モデルこそ，今日の経済危機を引き起こしたのである．それはまた，産出物を生産し雇用を創出するはずの借り手に資金が流れるのを可能にする通常の融資ルートを広げようとする政府の努力を妨げもしたのである．

大不況の歴史は，グラス-スティーガル法の改正版が必要であることを示している．この法律は，その主たる機能が，付保され安全な銀行預金勘定を家計に提供し，銀行業の旧来の評価基準である3つの特性――担保，取引履歴および人物――に基づいた借入資格についてのなんらかの評価を用いて適格とされた借り手に貸付を行なうことであるような，強固な商業銀行システムを，スーパーマーケット型銀行モデルから分離し独立した存在とするために必要とされる．貸し手としての銀行は，借り手の諸特性や借り手が融資を申し込んでいる目的を調査し熟知していなければならないであろう．これらの銀行に預けた預金は政府機関によって保証されているので，それらには政府の規制，監督および厳しい会計監査が必要であろう．この新しい法律の下での政府の規則や規制を守れないどのような金融機関も，公衆に銀行預金勘定を提供することは許されないであろう．

この商業銀行部門から法律上分離される必要のある金融産業の部門は，公開の金融市場への参加者から成り立っており，証券会社，ヘッジファンドおよびプライベート・エクイティ・ファンドのみならず，投資銀行機能を引き受ける他のどのような機関をも含むであろう．もしさきにあげたわたくしの政策提言が採用されるならば，よく組織化され秩序ある金融市場は，マーケ

ットメーカーのいない市場から区別されるであろう．したがって，これら商業銀行ではない金融機関の活動は，その関与している金融市場の秩序を脅かすかぎりにおいてのみ，規制する必要があるであろう．これらの金融機関がそのような市場で活動する上で用いることのできるレバレッジを抑制するため，これらの金融機関に対して委託証拠金要件に相当するような規制を課す必要があるかもしれない．

**現在の金融機関の支払い不能問題の影響を和らげること**
　現在の金融的混乱が不景気をもたらす効果を和らげるために何ができるだろうか．
　わたくしは，2008年1月という早い時期に，次のような提案をしたことがある．

1. 米国の住宅バブル危機を解消し大量の潜在的な支払い不能問題の発生を防ぐため，ルーズヴェルト時代の住宅所有者資金貸付公社（HOLC）とジョージ・H.W.ブッシュ（George H.W. Bush）政権の整理信託公社（RTC）の21世紀版に相当する機関を創設すること，および
2. あまりにも大きくてつぶせない金融機関に対し大量の資金を注入する必要があること．

　第2章で，HOLCがルーズヴェルト時代にどのような働きをし，今日それが復活されればどのように機能するかについて，わたくしは簡単に論じた．
　RTCは，1989年の貯蓄貸付組合（S&L）の危機——規模においてはるかに小さいものの，今日の銀行問題に類似した性質を持っている危機——を解決するために創設されたものである．当時，より高い収益性を求める多くのS&Lが，非常に問題のある借り手に住宅抵当貸付を行なった．その結果もたらされたのが，不動産価格の暴落を引き起こした債務不履行比率の突然の上昇であった．米国における数百のS&Lの支払い不能に対応するため1989

年に議会によって創設されたRTCは，破綻しそうなS&Lを引き継ぎ，残っている良質の資産を他の「優良で」支払い能力のある銀行に売却し，破綻した組合の不良な住宅ローン資産を自らのバランスシートに計上した．RTCはこれらの資産を保有し，それらに合理的な市場価格が付いたときにのみ売却した．その結果，生き残っているS&Lは良質な銀行である，という一般の認識を取り戻すことに成功したのである．

RTCは，「新たな税金は課さない」と堅く約束していた共和党政権の時代に創設されたものである．公約にもかかわらず，ジョージ・H.W.ブッシュ大統領は，問題の重大さと多くのS&Lが支払い不能に陥っているのを考慮して，RTCの設立を支持した．明らかにこの政権は，RTCが米国の納税者に対する新たな税負担を必要とはしないだろうと考えていた．何もしないというもうひとつの選択肢は，経済的災難に終わる可能性があった．1995年にRTCは，より大きな政府機関である連邦預金保険公社（FDIC）の貯蓄組合保険基金（Savings Association Insurance Fund）に併合された．RTCの活動が最終的に利益を上げたか損を出したかを示す会計帳簿は一般には公表されていない．

要するに，RTCのような機関を設立することはなんらかの会計上のコストを伴うが，これらの最終的な収支決算が納税者に大きな損害を与えるものにはなりそうにない．経済的災難を緩和するそのような機関のメリットは，デフレ的な市場圧力を利用して現代の住宅・金融バブル崩壊の問題を解決しようとするコストを償ってはるかに余りがあるからである．

支払い不能状態にある今日の金融機関の問題は，S&L危機のときに比べてはるかに重大であるとはいえ，支払い不能に直面する多くの大手金融機関のバランスシートから有毒資産をはずし，市場からそれらの資産を取り除くための政府機関を設立する必要は，依然としてあるものと思われる．この政府機関は，問題のある諸資産を買い取ることによって，最後のマーケットメーカーとして行動する中央銀行と同じ役割を果たすことになるであろう．

当然のことながら，これら有毒資産を評価しそれらを引き受けるのにどれ

## 第 6 章 経済回復のあとに改革を

だけの価格を支払えばよいかを決めるという問題は残ることになる．2008年 9 月に，ポールソン財務長官が議会に送付したもともとの計画は，わずか 3 ページの長さの文書にすぎなかった．それは，財務長官に対して，これらの非流動的な有毒資産を，買い取り価格が保有者のもともと支払った価格を超えないかぎり，長官自らが適正であると判断したどのような価格ででも購入する権限を与えることになっていた．この措置は，有毒資産を保有するどのような金融機関のバランスシートをも改善し，どのような支払い不能の恐れをも取り除くはずであった．しかし，それは政治的に実行可能なものではなかった．というのも，それは，経営者も株主も不良金融資産を最初に作り出したかあるいは購入したかれら自身の過ちにより発生したどのような損失をも自ら負担しないことを意味したからである．

容易には答えられない，次のような問題が残っている．すなわち，再生された RTC 型の政府機関は，これらの不良資産に対しどのような対価を支払ったらよいのか，また有毒資産を抱えて支払い不能に直面している金融機関の現在の株主は，ウォール街で「散髪 (haircut)」と呼ばれている損切りをどの程度負担すべきなのか，という問題である．言い換えれば，金融機関がこれらの資産を政府機関に売却するとき，これらの株主は損失のどれだけを負担すべきなのか，また，金融機関が投げ売り価格と当初その不良資産を購入するために支払った価格との中間に位置するどのような価格を政府機関は支払うべきなのか，である．

そのような価格の決定は，ちょうどケインズ・ソリューションが制限速度を超えたドライバーに対する罰金額を決めようとするものではないのと同様，本書の範囲を超えている．明らかに，その価格は銀行システム全体の崩壊を引き起こすほど低いものであってはならないし，経営陣や株主に，誤りを犯したにもかかわらず，報奨金を与えるほどに高いものであってもいけない，ということだけは指摘することができる．

政府は 1990 年代の銀行危機におけるスウェーデンの前例に従うべきであると勧告する人もいる．スウェーデンの場合，政府は，破綻しそうな銀行を

「不良銀行（bad bank）」に分類し，それらが抱える問題資産を経済や市場が好転し公衆が当該資産を買い戻したいと思うようになる将来の時点まで保有するというスキームになっていた．

政府は，銀行が資本を再構成するのに十分な資金を注入することによって，これらの不良資産の代金を「支払った」．基本的に現株主は一掃された．結果は，銀行の一時的な「国有化」であった．しかし復活を遂げた銀行は，融資を再開することができた．政府は，将来できるだけ合理的な値段が付くことを期待しつつ，これらの不良資産を保有・管理した．市場や経済が好転したとき，これら不良資産の市場もまた好転したのである．

再生されたRTC型の政府機関は，銀行に大幅な出資をしていようといなかろうと，不良資産を大量に抱え込むことによって，公衆の弱気の高まりにもかかわらず，金融システムにおける流動性を維持するであろう．言い換えれば，この政府機関は，金融資産残高のうち公衆が保有することを望まない部分を保有することになるであろう．

米国が業績不良な銀行を実際に国有化する必要があるのかどうか，あるいは政府の資金を受けた銀行が確実に融資を再開できるようにするのに十分な規模の政府出資を保持するだけでよいのかどうかは，経済的問題というよりもむしろ政治的問題である．重要なことは，もはや流動性のないこれら問題資産を買い上げることによって，政府が経済システムにささやかながら流動性を回復させつつあるということを認識することである．そしてケインズも主張しているように，資本主義システムが正常に機能するためには流動性を必要とするのである．

もし政府機関がこれらの問題資産を，必要なだけ長い期間，しかも公衆がそれらに投資したいと思うようになるまで保有し続けるならば，これらの資産が金融システムにとって過度の負担になるはずはないのである．したがって，RTC型の政府支援機関（government-sponsored institution）の復活版は，HOLCの復活版と提携して，米国の住宅市場を悩ましている問題を解決することができるであろう．わたくしは，2008年1月の時点では，速やかな

## 第6章 経済回復のあとに改革を

政策措置が住宅問題を解決し景気後退を避けることができるだろうと考えていたが，2009年に至っては，この方向へのどのような処置も，すでに手遅れであり景気後退を阻止できないことは明らかである．さらに，住宅問題を解決し，銀行システムへの信頼を回復するのに十分な額の不良資産を取り除くのに必要とされる救済策の規模は，なんらかの積極的措置が取られないでいる間に，日々大きくなっており今後も大きくなり続けるであろう．

政策対応の遅れにもかかわらず，資本主義経済の運行に関するケインズの考えは，21世紀版のHOLCとRTCを復活させることが，われわれの巻き込まれている問題を和らげることができることを，依然として示唆しているように思われる．行政の対応が遅れれば遅れるほど，われわれが抜け出さなければならない苦境の穴はより深くなるばかりであろう．

# 第7章

# 国際貿易の改革

　主流の古典派の理論家たちは，自由貿易と自由変動為替相場の政策が，その国のすべての市民に豊饒の時代をもたらすであろうと確信を持って主張している．この文脈において，「自由貿易」とは，政府が輸入品に関税（税金）を課したり，（例えば，輸入割当制を布くなど）国内に輸入される製品の数量を制限したりすることによって，財やサーヴィスの輸入を妨げるようなことはしないことを意味する．自由変動為替相場とは，どのような政府の介入によっても縛られない自由な市場に，自国通貨で測った外国の通貨の購入価格の決定をゆだねようとするものである．さらに政府は，居住者が購入できる外国通貨の量にどのような制限や限度も課すことはできないし，外国人が購入する国内通貨の量を制限することもできない．

　1970年代以来，議会あるいはホワイトハウスを支配したのが民主党であったときも共和党であったときも，米国政府は，（例えば，北米自由貿易協定のような）他の国との自由貿易協定を結ぶ政府が望ましいことを唱えてきたし，少なくとも口先だけでも同意してきた．さらに，米国政府は，外国為替市場に対して直接的な介入を行なうこともなかった．

　もし読者がこの国際貿易と決済に関する古典派の効率的市場理論の主張を信じているのならば，政府がこれらの古典派理論の目的を追求し始めてから30年以上も経過している今日，米国と世界の他の国々との間の貿易および決済関係になんらの問題もないと考えることであろう．

　不幸なことに，この間国際経済の分野で，いくつかの不都合な問題が米国

に起こっている．第1に，米国は世界最大の経済大国であるにもかかわらず，世界最大の債務国となっていることである．第2に，多くの米国の住民は，自分たちの高賃金の働き口が低賃金の国へ外部委託されるのを経験していることである．『ニューヨーク・タイムズ』の金融欄担当記者であるルイス・ユチテル（Louis Uchitelle）は，2006年刊行の著書『使い捨てのアメリカ人：解雇とその帰結』において，自分の働き口を外部委託されたこれら労働者たちが，自尊心をひどく傷つけられ，その結果精神的な健康をも害していると詳細に報じている．場合によっては，このことが離婚やその他の深刻な一身上の結果をもたらしているとのことである．

ユチテルが用いた労働統計局のデータは，解雇された3人のうちわずか1人のみが，2年たった後で，失った仕事で稼いでいた以上の所得を新しい仕事で稼いでいるにすぎないことを示している．解雇された労働者の残る3分の2は稼ぎが大幅に減少したか，あるいは依然として雇用されないままにとどまっていた．なかには職探しを止めてしまった者さえいた．さらに一般的にいって，外部委託のインパクトは，外部委託されたのと同じ職種に引き続き雇用されている人びとに賃金引き下げの圧力を加えたことである．

外部委託により失職し職探しをしている多数の労働者の存在は，すべての他の地域の労働者，すなわち，たとえかれらが外部委託のあまり行なわれそうにない産業でなお雇用されている労働者であるとしても，かれらの賃金を押し下げる傾向がある．その結果，米国の貨幣賃金がここ数十年の間伸び悩んでおり，ますます多くのブルーカラーの仕事が自由貿易の名の下に外部委託されるにつれて，所得分配の不平等がよりいっそう高まっているのは，驚くには及ばない．

にもかかわらず，主流派の経済学者たちは依然として，自由貿易と自由変動為替相場が最大の効率性とグローバルな繁栄をもたらすと主張している．例えば，2005年の春に当時ブッシュ大統領の経済諮問委員会委員長であったハーバード大学のマンキュー教授は，アメリカの企業が，米国に立地する工場で働く住民を雇用する代わりに，より低賃金の労働者を容易に獲得でき

## 第7章　国際貿易の改革

る海外の工場に生産を移す形を取る生産の「外部委託」の慣行を弁護している．マンキューは，外部委託が明らかにアメリカの労働者の高賃金の働き口がより低賃金の海外の労働者に奪われることを意味するにもかかわらず，米国と世界の他の国々にとって有益であると言い張っている．マンキューの議論は，自由貿易が，**長期的**には，生産を委託された国々の働き口のみならず米国の労働者のためにより価値の高い新しい働き口をも作り出すことによって，すべての国により多くの所得と富をもたらすだろうというものである．

もちろん，マンキューの見解に対するひとつの応答は，ケインズの言い古された「長期的にみると，われわれはみな死んでしまう」という一節である．そして外部委託によって使い捨てられた労働者は，長期を待てずにその前に死んでしまっている可能性が高い．貨幣経済の運行に関するケインズの分析は，主流の古典派経済学者によって喧伝されている外部委託の望ましさに関する主張が間違っている理由を示唆している．ケインズによれば，自由貿易を認めさえすれば繁栄が必ず訪れるという主張は，「人を誤り導き，災害をもたらす」ものとなりかねないのである．歴史的証拠は明らかに，マンキューによる主流の古典派経済理論の公式発表ではなく，ケインズの見解を支持している．

貿易の普遍的なメリットであると古典派理論が主張するものと，働き口の外部委託に基づく貿易が原因で米国の労働者たちに見受けられる苦難との間のこのように明らかなギャップは，なぜ存在するのか．

本章においては，古典派の自由貿易の主張が，なぜわれわれの住んでいる世界に当てはまらないかを論じることにする．またわたくしは，貿易が文明化された資本主義システム下のすべての労働者に恩恵を与えるのを確実にするために，どのような改革がなされるべきかを解き明かすことにしたい．第8章において，自由変動為替相場制に対するケインズの代案について論じ，代替案のケインズ・ソリューションに沿って現在の国際決済制度を改革することがなぜ有益であるのかを，わたくしは説明することにする．

## 自由貿易論の基礎としての比較優位

　主流派のすべての経済学者が合意している経済学のひとつの普遍的な「真理」は，経済学者が「比較優位の法則」と呼んでいるものである．もしすべての国が自由貿易を容認しているならば，比較優位の法則により，すべての国の資源が完全に雇用されるので，グローバルにより多くの財やサーヴィスの生産されることが保証されると主張されている．結果として生じる想定上の豊富な財やサーヴィスは，各国が「比較優位」を持っている産業での生産にそれぞれ特化し，これらの産業の生産物のいくらかを，他の国の比較優位の産業からの輸入品と交換に輸出することによって得られる．その結果，すべての国が自由貿易から利得を得るはずであると，古典派理論は主張する．

　経済学者が比較優位を持つ産業といっているのは，どういう意味なのであろうか．1817年に，当時の代表的な経済学者のデイヴィッド・リカードは，国家間の自由な交易の重要性を正当化するために，比較優位の法則を導入した．リカードの考えでは，各国は，同一の生産物を生産する各国のコストを比較してみて，生産コスト面で最大の優位を持っている自国の産業で輸出向けの生産物を生産することに特化すべきであるとしている．同じ生産物を生産している他の国々の産業と比べて生産コスト面で絶対優位を持つ産業のない国々は，コスト面で劣位度が最も低い産業での生産物を輸出することによって「比較優位」を得ることができるだろうと，リカードは主張している．リカードの比較優位の原理に基づく輸出品と輸入品との間の交易パターンは，財およびサーヴィスに対する需要が増加しこの増加した需要を満たすためにグローバルな生産が増加するにつれて，両交易国の富の増加を可能にするであろうと主張されている．

　この比較優位の法則について，仮説例を用いて説明することとしよう．東洋（インドや中国のような低賃金労働国）と西洋（米国や西欧のような高賃金労働国）という，2つの経済があると仮定しよう．話を簡単にするために，

## 第7章　国際貿易の改革

　自由貿易が始まる前は，両経済は2種類の輸出可能な製品——例えば，（低賃金の不熟練労働を使って生産される）自転車と（高賃金の熟練労働を必要とする）コンピューター——を生産していたと想定しよう．両経済はいずれも完全雇用の状態にあると仮定する．貿易が始まる前は，東洋には100万人の労働者が，また西欧には10万人の労働者が，いずれもこれら2つの産業において完全雇用されており，世界全体で110万人のこれら雇用労働者が総計375,000台の自転車と55,000台のコンピューターを生産して市場に出荷している（そしておそらくかれらの雇用主もその販売で利益を上げている）ものと仮定しよう．

　リカードの古典的な理論によれば，東洋と西洋との間に自由貿易が導入されると，各経済は，自らが比較優位を持っている製品を生産することに特化するよう促されるであろう．両国が同じ生産技術を用いており，東洋でコンピューターの生産に必要な熟練労働者でさえ西欧における高賃金熟練労働者よりもかなり低い賃金で働くことを厭わなかったので，自転車もコンピューターもいずれも西欧より低いコストで生産することができたと想定しよう．しかしながら，東洋のすべての労働者により低い賃金が支払われているために，低い生産コストという意味での東洋の優位は，コンピューター産業においてより自転車産業においてのほうが大きかったと仮定しよう．経済学者は，東洋が自転車とコンピューター双方の生産コストにおいて絶対優位を占めている——すなわち，東洋は西洋よりもより低いコストで自転車とコンピューターの双方を生産できる——ものの，東洋の比較優位は自転車の生産にあり，西洋の比較優位（すなわち，コスト上の劣位度がより低いこと）はコンピューターの生産にあるというであろう．そこで，比較優位の法則によれば，東洋はそのすべての100万人の労働者と資本を用いて自転車の生産に特化すべきであり，一方西洋は10万人の労働者とすべての資本を用いてコンピューターの生産に特化すべきであるということになる．

　このように特化することによって，グローバルに雇用されている110万の労働者が，より多くの自転車とコンピューター，例えば400,000台の自転車

と 70,000 台のコンピューターを生産するものと想定しよう．

　この比較優位の仮説例では，世界は自由貿易に携わることによって，全体として 25,000 台の自転車と 15,000 台のコンピューターを追加的に得たことになると想定される．そして東洋は自転車を西洋に売り，代わりに西洋からコンピューターを購入すればよいことになる．貿易開始の前と後で同じ数の労働者が雇われていながら，仮定によってグローバルにより多くの両製品が生産され消費に供されることになる．その結果，各国の住民はこの貿易からなにがしかのメリットを得るはずである．というのも，各国においてすべての財が想定された同じ量の労働時間（実質コスト）で生産されながら，各国の住民はより多くの自転車とコンピューターを使用することができるからである．このように，比較優位の法則は，より多くの財とサーヴィスが東洋と西洋双方の消費者に提供されるので，グローバル経済の実質所得が自由貿易によって増加することを「証明している」と主張されることになる．

　リカードにとって，各国の比較優位は，典型的な場合には生産コストの差をもたらす各国特有の供給環境（例えば，埋蔵鉱物資源の入手可能性，気候の違いとそれらが農業生産に与える影響など）と関連しているとされた．それとは対照的に，「自由な」貿易を支持する論拠を説明しているわれわれの仮説例は，より低い生産コストを持っている海外の供給源に国内市場を開放するのが，西洋における自転車産業の労働者より東洋における自転車産業の労働者の方が 1 時間当たりより多くの自転車を生産するといったようななんらかの物的生産性の面で優位にあるためではない，という考えに基づいている．各国で同じ技術が用いられていると仮定することによって，例えば，西洋における自転車産業の労働者が，東洋における自転車産業の労働者と 1 時間当たり同じ台数の自転車を生産すると想定しているのである．したがって，自転車とコンピューターの生産における東洋のコスト面での絶対優位は，たんに東洋においては労働者に対してより低い 1 時間当たり貨幣賃金が支払われているという事実によるのである．

　実質的な生産コストの差は農業や鉱物資源開発において明らかであり，そ

こでは国によって気候にちがいがあるとか鉱物資源の埋蔵量に偏りがあるため，一定の商品については一方の国での生産費を他の国に比べ相対的に安くするのである．例えば，1バレルの原油は米国のデスヴァレー（死の谷）砂漠よりもサウジアラビアの砂漠の方が安く生産できる．その主たる理由は，デスヴァレーに比べてサウジアラビアの地下の方が，はるかに容易に入手できる原油を自然が提供しているということである．

しかしながら，大量生産を行なう産業においては，生産コストの差は，どの国におけるどのような特定の製品の生産においても同じ技術が用いられるので，一国の気候や鉱物資源といった天賦の条件による差をさほど反映しそうにないように思われる．

ケインズは次のように記したとき，このような可能性を認識していたのである．

　　合理的な世界においては，気候や自然資源に国家間で大きな差異があるすべての場合に，かなりの程度の国際的特化が必要になるであろう．……しかし，わたくしは，ますます広範囲にわたる工業製品に関しては，……自給自足体制をとることの経済的マイナスが，［完全雇用を確保するために］同じ国内の経済・金融組織の同じ活動範囲内に生産者も消費者も徐々に導き入れることの別なメリットを帳消しにしてしまうほど十分に大きいかどうかについて，疑いを抱くようになっている．現代のほとんどの大量生産過程が，たいていの国や風土帯において，同じ程度に効率よく営まれうることを証明する事例が増えている[1]．

言い換えれば，ケインズが主張し，そして今日の事実が明らかにしようとしていることは，多国籍企業の存在と技術を国際的に移転できる容易さを前提とすれば，ほとんどの産業における相対的な生産コストのどのような差も，（「実質的な」人間労働の同一時間当たりの）貨幣賃金に，年少者労働の使用制限などの「文明国にふさわしい」労働慣行を整えるためのコストや雇用者

の健康保険や年金手当ての支給といった労働者への付加給付のための企業家負担を加えた合計額における国家間の差を反映している可能性が高いということである．今日の自由貿易体制のもとでは，輸出工業製品の製造工場のグローバルな立地は，時間当たりの貨幣賃金に加えて，国家が，国の税金によってというよりもむしろ企業家によって直接負担されるべきであると決定しているか，あるいは労働者には提供される必要がないと決定している，安全労働やその他の労働付加給付のための所要経費における差に左右されがちであると思われる．

21世紀においては，輸送コストあるいは情報伝達コストが低いため，多くの財やサーヴィスを遠方の海外市場まで安く届けることが可能になっている．その結果として，未熟練，半熟練あるいは高度な技術を持つ労働者をさえ使用する大量生産の産業は，単位労働時間当たりの支払い賃金額や企業家によって提供されている労働環境から判断して，人間の生命が最も低く評価されている経済システムをもつ国々に，工場を立地させそうに思われる．ほとんどの先進諸国は，かなり前に「低賃金・悪条件の工場」での生産や年少者労働の使用を違法とする法律を制定している．しかしそのような労働条件は，ほとんどの低開発諸国の「競争力ある」輸出産業においては，依然として存在している．したがって，自由貿易競争とは通常，先進諸国における働き口が，安全で衛生的な作業条件を要求する法律をほとんど持たず低賃金・悪条件の工場で働く安く利用できる労働人口の大量に存在する国の労働者に奪われることを意味する．そのような自由貿易競争のもたらす結果は，必然的に先進諸国の労働者の生活水準を引き下げることになるに違いない．というのも，かれらの賃金が低賃金国で支払われる賃金水準の方へ引き寄せられるからである．われわれは本当に，米国の労働者の賃金を時給1ドル以下にまで引き下げ，同時に家族が飢えをしのぐのに足るだけの稼ぎを得ることができるよう，米国の子供に中国の子供のように工場で働かせたいとでも思っているのであろうか．

もしわれわれが中国に対し，カリフォルニアに工場を建設することを許可

し，その工場を，中国で運営されるのと同じ条件，すなわち，(1)14歳未満の子供も工場で働く，(2)なんらの職場の安全基準も制定されていない，(3)労働者が米国の時間当たり法定最低賃金をはるかに下回る貨幣賃金率で週55～60時間ないしそれ以上働く，(4)工場は環境を汚染している，という条件で運営することを認めるならば，米国の進んだ法律では，どの米国の住民もこのカリフォルニアに立地する中国の工場のどのような製品をも購入することを許されないであろう．それにもかかわらず，自由貿易の旗印の下では，われわれはそのように後進的で不健全な工場環境から生み出される製品を，まさにその工場が中国に立地しているという理由だけで，米国人が購入するのを容認しているのである．

　なぜわれわれは，労働者を人道的で文明国にふさわしい仕方で処遇する工場組織が社会的に望ましいという，自分たちの信念を放棄してしまわなければならないのであろうか．もしわれわれが米国の企業家たちに中国の労働者が雇用されているのと同じ条件で労働者を雇用することを認めるならば，米国の工場は，輸送コストがより低いという理由だけでも，中国に立地する工場より安く売ることができるであろう．

　現在の情況では，低賃金国との自由貿易は，けっして自由な競争的貿易ではない．というのも，米国の法律は，米国の企業家が中国での労働者の雇用および労働条件をそのまま踏襲することを禁じているからである．

　そのように不公正な競争状態にある海外の工場に仕事を外部委託することに対するケインズ・ソリューションは，わが国の労働法が米国の企業に課しているすべての条件を，少なくとも満たしていないどのような工場からの製品輸入も禁止することである．われわれはまた，外国で生産される財のうち，純正食品薬事法やその他の消費者保護法に基づく政府の検査に合格したものにかぎり輸入できるようにすべきである．

　現在の自由貿易体制の下では，米国市場に財やサーヴィスを提供する生産にかかわっている職種の中で，(1)外国からの情報伝達コストや輸送コストが非常に高い（例えば，家事使用人，ウエーター，理容師，乳母などの）職

種や(2)移民法で低賃金労働の導入が制限されているような職種でのアメリカ人の働き口を外部委託する余地はほとんどないであろう．とくに先進的な労働環境基準を持つ先進諸国の個人サーヴィス産業には，まだかなりの雇用機会が残っているかもしれない．しかしながら，自由貿易の旗印の下で，もしわれわれが大量生産産業の雇用の外部委託を容認し続けるならば，以前高給を受けていた大量生産産業から使い捨てられなんらかの雇用機会を探す労働者が，ますます増えることにならざるを得ないであろう．その結果として，これらの解雇された労働者の間で，非貿易財の生産産業に現存する働き口を求めて競争が激化するであろう．その結果は，ユチテルの著書が示唆しているように，これら非貿易財生産活動における賃金を押し下げるか，あるいは少なくとも，雇用されている労働者の賃金が時とともに大幅に上昇するのを妨げることになるであろう．近年行なわれた大規模な外部委託を考慮すれば，米国のGDPに占める賃金の割合が2005年にここ数十年来最低の水準にあったのは，なんら驚くに当たらない．

　われわれはすでに21世紀に入ったので，以下のような産業を除いて，リカードの比較優位の法則に基づいてすべての国とその住民の富を増進する手段としての自由な国際貿易を支持する主張を正当化できないことは明らかであろう．そうした産業とは，おそらく価値生産性が気象条件や鉱物資源の入手可能性と関連する鉱業，農業よびその他の産業である．しかしながら，これら特定の産業における生産はしばしば，カルテルの市場支配力や，市場価格が生産の「実質的な」コストを反映するのに十分なほど下落するのを防ぐよう企図された生産諸国の政府施策によって，コントロールされている．言い換えれば，比較優位の法則が依然として当てはまるかもしれないと思われる産業はしばしば，(例えば，石油輸出国機構のような)カルテルの力や，国際市場で売られる必需品をコントロールする政府の権限の行使により，概して国際競争の圧力から保護されているのである．

　大量生産産業における多国籍企業の成長と20世紀最後の数十年間における自由貿易へのさらなる動きは，米国の企業に，生産を「外部委託」する，

## 第7章 国際貿易の改革

すなわち生産コストを削減するために雇用できる中で賃金が最低の外国労働者を求めさせることとなった．外部委託を活用できることはまた，高賃金で労働組合に所属している先進諸国内の労働者に対する拮抗力としても働いた．事実，21世紀の初頭に多くの国の産業構造が急速に進化したのは，主として多国籍企業が，同じ技術的生産過程を用いて同一の財やサーヴィスを生産するために海外の低賃金労働者を利用することによって，国内の労働問題を回避したいと望んだためであるといえるかもしれない．

国家間の輸送・情報伝達コストが高く貿易に対する顕著な制限が課せられていた第2次世界大戦後の最初の数十年間には，国内の単位労働コストの高かったことは，大量生産産業の企業家たちに国内の生産性を高めそれによって生産物1単位あたりの労働コストを削減するための革新的な方法を見出すよう促した．多国籍企業の成長と大量生産品の国際貿易に対する多くの制約の撤廃とともに，高い国内労働コストはいまや，単位生産コスト引き下げのための生産性向上を目指した投資よりもむしろ，外部委託を促進している．というのも現状では，国内的に単位生産コストを引き下げるために生産過程の技術的改良をはかるよりも，外部委託する方がより安上がりであるからである．したがって，単位労働コストを引き下げつつ生産量と利益率の高い売上げを増加させたいと思う企業家による技術革新が，資本主義経済のすべての構成員の生活水準を高めてきた過去とは異なり，現在では，外部委託から得られたより大きな利潤が，国内生産方法の研究や技術的開発に再投資されなくなっている．

今日のような自由貿易のルールのもとでは，企業経営者たちは，低賃金の外国労働者が「仕事をこなす」ことができ輸送・情報伝達コストが生産コストに比べ少額な産業部門において，国内の労働生産性を向上させるための技術革新を追求するインセンティブをもたなくなっている．1970年代以来多くの先進諸国において国内の労働生産性の上昇率が低下したことは，少なくとも部分的には，国内の生産過程を改善するよりもむしろ海外の安い労働力を用いるというこの現象に関係づけて説明できるであろう．

先進的な生産環境で高給を取っている労働者に代えて，たんに低賃金・長時間労働という条件で雇用される労働者を用いる外部委託の問題に対するケインズ・ソリューションは，競争条件を等しくするということである．その法律が国内の工場の労働者を文明国らしく処遇することを奨励する米国のような国家にとって，国内への輸入の許される製品は，米国がアメリカ企業に要求しているのと同じ法定の労働，環境および消費者安全の諸基準を満たさなければならないとされるべきであろう．

したがって，自由市場に外部委託，貿易および国際決済の流れを決定させるのを正当化するものとして比較優位の分析を用いることは，ケインズが警告したように，文明国の経済，とくに年少者労働の使用を制限し労働者に対しより進んだ労働条件と同時に高賃金の生活水準を提供する国の経済の健全性にとって「誤り導き，災害をもたらす」ものになりうるのである．

## 比較優位に関する第2の問題

不幸なことに，比較優位の法則は，われわれが住んでいる現実世界に妥当しない少なくとも2つの基本的想定を必要としている．第1に，われわれの自転車とコンピューターの仮説例は，追加的に生産された，25,000台の自転車と15,000台のコンピューターの供給が，これらの生産物に対する追加的なグローバルな市場需要を自動的に作り出すであろうと想定している．言い換えれば，追加的な自転車やコンピューターは利益の上がる価格で容易に売却できるとされている．もし多国籍自動車メーカーが自動車組立ての点で比較優位を持つ国に工場を設置することによってグローバルな生産能力を増強しさえすれば自分たちの生産できるすべての車を（利益を上げて）販売することができるということならば，そのことを知って喜ばない多国籍自動車メーカーはいないであろう．余剰の生産能力が発生するはずはないとされているからである．もっとも，今日では米国の3大自動車メーカーのみならず評価の高いアジアの自動車メーカーにおいても過剰生産設備の状況にあるよう

## 第7章　国際貿易の改革

であるが．

　国が比較優位の産業に特化することにより生じる追加的生産物に対してどのような需要不足もありえないというこの古典派の想定は，もちろん事実に反している．この想定は，国内的にも国際的にも，労働力と設備能力のフル稼働が，自由貿易と自由市場の世界におけるグローバルな経済に属するすべての国に自動的に生じると，仮定しなければならないであろう．過去2世紀半にわたる資本主義経済の歴史は，ほとんどの国がまれにしか完全雇用を達成しておらず，世界のどの国も永続的な完全雇用を成し遂げていない．したがって，ケインズ以来の歴史から経済学者が学ぶべきであったことがあるとすれば，それは，自由貿易の前のみならず後も，すべての国で完全雇用が達成されているということが確信できなければ，すべての交易国が自動的に自由貿易からメリットを受けることを立証できないということである．

　このことはわれわれを，第2の問題に導くことになる．比較優位の法則による交易からの利得は，**資本も労働も国境を越えて移動可能でない場合にのみ**，生じるものと想定されている．事実，われわれの単純な自転車-コンピューターの例は，東洋と西洋の間で資本や労働の移動がなく，一方比較優位の法則がそれぞれの国の輸出産業がなんであるかを決めることを示している．

　しかしながら，もし資本が国際的に移動可能であるならば，そして交易を行なったあとにグローバルな完全雇用が達成されていないならば，比較優位の法則に由来する好ましい結果が生じるはずはない．自由な国際的資本移動と自由貿易により，企業家は最も利益率の高い財の生産ができるところならどこにでも——言い換えれば，単位労働コストが最低であるところならどこにでも——工場や機械設備への投資を行なうであろう[2]．このようにして，もしどの国でも1単位の製品を生産するのに投入される人間労働時間数が同じになるように，多国籍企業が技術を国から国へ移転することができるならば——あるいは，ケインズも記しているように，もし「現代のほとんどの大量生産過程がたいていの国……において，同じ程度に効率よく営まれうる」ならば——資本はつねに労働コストのより低い国を求めるであろう．という

のも，そうすることが利潤率を高めることになるからである．

われわれの仮説例では，グローバルな市場が吸収することのできる程度の適切な水準での自転車とコンピューター双方の生産において，東洋は貨幣表示の単位労働コストがより低いという意味でコスト上の絶対優位を持つことができる．東洋は最終的には，グローバルな需要を満たすのに必要なすべての自転車とコンピューターを生産する上で十分な外国の資本を誘致できるであろう．言い換えれば，貿易後の需要がグローバルな完全雇用を保証するほど十分でないかぎり，国際的な生産および貿易のパターンは，経済学者の言う比較優位の法則によってではなく，利用できる大量の低賃金労働者の供給を持っているという，コスト上の絶対優位によって決定されるであろう．その結果，西洋においては，貿易財産業における生産と雇用は，完全にとは言わないまでも相当減少するであろう．極端な場合，西洋に残っている仕事のほとんどは，輸送・情報伝達コストの高さが外国労働者のコストの安さを上回っているために外部委託できないものだけとなるであろう．

もちろん，比較優位理論の支持者の中には，マンキューのように，外部委託によって米国製造業における高賃金で半熟練の労働者の働き口が失われるにもかかわらず，米国は，なんらかの先進的技術部門において，十分な技術も教育も身につけていない中国やインドの労働力ではこなせないような，（不特定の）高賃金で熟練を要する新しい働き口を開発するであろうとの考えに，ほとんど信仰といってもよいくらいの信頼を寄せている者もいる．外部委託は長期的には米国にとっても良いことなのだという，マンキューの考えは，失業が重大な問題ではないと決めてかかっているのである．かれは，高度の熟練を要する新しい働き口が米国で奇跡的に現れると信じているのである．

それならばなぜ，ユチテルのいうような使い捨てられた労働者の3分の2が，これらの新しい高賃金の職にありついていないのであろうか．世間一般の通念によれば，低賃金で生産性の低い働き口にしか就けないのは，そういう技術しか身につけてこなかった解雇された労働者自身の責任だということ

になる．問題の発生を被害者自身のせいにするもうひとつの議論として，失業労働者ないし解雇された労働者に必要なことは，ただよりよい教育を受けることであり，そうすればよりよい仕事に就くことができるであろうという声が，しばしば聞かれる．外部委託による解雇の救済策として労働者により高度の教育を受けるよう求めるのは，年少者労働，危険な労働条件，環境を破壊する生産方法，およびその他先進的な世界では受け入れられない多くの要因が許容されている，自由に交易しているグローバルな経済における貿易パターンの問題を，よく考え理解しているといえるレベルの見解ではない．現在の国際決済システムと自由化された貿易構造にくわえて，世界のほとんどの交易国が明らかに完全雇用の状態にないことを前提とすれば，長期的にみて，世界の先進経済における雇用は，輸送・情報伝達コストが高いため外国との貿易が不可能になっている（非貿易財）産業や，政治的ないし社会的理由から生産の外部委託が妨げられている国防産業のような特殊分野の産業での仕事に限定されるであろう．

　先進諸国の労働力が中国やインドのような後進諸国の経済においてよりも高い賃金を得ているため，大量生産産業の製品の自由貿易は，先進諸国のかなりの部分の労働者を低賃金に追いやる可能性がある．先進諸国の政府が，自国の労働者の完全雇用を確保し維持するための計画的な行動を取らないかぎり，自由貿易は結局のところ失業率の上昇か，自国の労働者が後進諸国の低賃金労働者に支払われている賃金に相当する実質賃金を受け入れることを余儀なくされるかのいずれかの結果に終わるであろう．まちがいなく，西洋の政治家たちは，自由化された貿易ならびに国際金融市場の下での仕事の外部委託という今日の問題に対し古典派の効率的市場理論を盲目的に適用することから「悲惨な」結果が起こりうることを，認識すべきであろう．西洋の政府が，自国の労働者の永続的な完全雇用を確保するために，強力で積極的かつ直接的な行動を取らなければ，自由貿易と外部委託は，それらの唱道者の主張しているような万能薬にはならないであろう．

# 第8章

# 国際通貨の改革

　すでに第4章で指摘したように，支出の増加は追加的な利潤獲得の機会を生み出し，それが営利企業に労働者の雇用を拡大するよう促すことになる．そのさい暗黙のうちに想定されていたのは，追加的支出が国内の家計，企業あるいは政府から生み出され，国内経済に立地する工場によって生産される製品の購入に向けられるということであった．

　ひとたびわれわれが分析をグローバル化された市場システムに広げると，事態は少し変わったものになる．例えば，米国の家計，企業あるいは政府が外国で生産された製品（すなわち，輸入品）を購入するために支出することは，国内経済においてではなく，外国において利潤獲得の機会と働き口を生み出すであろう．言い換えれば，輸入される財やサーヴィスへの需要は他の国における雇用を作り出すのである．国内に立地する工場の生産物（すなわち，輸出品）に対する外国人による需要は，利潤と労働者のための働き口を国内経済に作り出すのである．

　もしある年の米国の輸出額が米国の輸入額にほぼ等しいならば，米国の輸入による外国での雇用創出効果と米国輸出産業における国内雇用創出効果とは，お互いにほぼ相殺しあうであろう．しかしながら，もし米国が輸出額よりもはるかに多く輸入しているならば，米国の支出が外国におけるより多くの利潤獲得の機会と働き口を支えることになる一方で，米国の工場の利潤と働き口は，輸出が輸入に等しい場合や輸入が輸出を上回る超過需要相当分が米国の工場によって生産される同種の製品に対する市場需要に振り替えられ

る場合に比べ，より少なくなるであろう．

例えば，2008 年の米国の輸入額は，輸出額より 6,770 億ドルも多かった．もしアメリカ人がこの 6,770 億ドルを米国で生産された財やサーヴィスに支出していたならば，アメリカ経済に対する大きな刺激になっていたことであろう．この 6,770 億ドルという金額は，オバマ大統領が 2009 年 2 月に署名した景気刺激法案——数百万の米国の雇用量を維持するものと見込まれる支出法案——に盛り込まれた政府支出および減税額のほぼ 90% に相当する大きさである．

1982 年以来，米国は一貫して輸出額以上に輸入してきており，それによって，外国人が米国輸出産業内に作り出してきた以上の利潤獲得の機会と雇用を外国のために作り出してきた．こうした雇用と利潤機会を外国に提供してきた結果として，米国は 20 世紀最後の四半世紀において他の国々ための経済成長の原動力の役割を果たしてきたのである．1980 年代の日本はもとより，21 世紀初頭の中国やインドによって示された驚嘆すべき成長率は，米国がこれらの国々からの輸出品に対して支出を増やしたことに基づいて達成されたものである．

このことは簡単な例によって説明されよう．ある 1 年間に，米国が中国からの輸入品（例えば，おもちゃ）に 100 億ドル多く支出し，したがって国産のおもちゃに 100 億ドル少なく支出すると仮定しよう．中国は米国の輸出品への支出を増加させず，したがって米国の中国との貿易赤字は 100 億ドルだけ増加すると仮定しよう．その結果は，輸入品に費やされた 100 億ドルは，中国のおもちゃ産業における利潤と働き口を作り出したが，一方国産のおもちゃから外国製のおもちゃに支出を切り替えた米国の住民は，結局のところ，米国のおもちゃ産業の利益と雇用をその分台無しにしたということである．

この仮説例において，中国は国際貿易勘定の上で 100 億ドル多く稼いだことになる．われわれの想定では，中国はこの 100 億ドルをアメリカ製の製品をより多く買うことには用いず，その国際的な稼ぎからの 100 億ドルを「貯蓄する」としている．ケインズの分析においては，「1 ペニーの貯蓄は 1 ペ

ニーの所得を生むことはできない」から，この例において中国が貯蓄した100億ドルは，米国に立地する企業やアメリカの労働者の所得にはなり得ない100億ドルである．

　輸入が輸出を超過するとき，貿易収支に赤字が発生しており，経済学者はこれを貿易収支の悪化と呼んでいる．この貿易収支悪化は，当該国がその輸出品の代金として受け取る以上の金額——われわれのおもちゃの仮説例では100億ドル——を輸入品に対して支払うので，輸入国とその他の国々との間における国際収支の赤字をもたらすことになる．国際収支の赤字を経験しているどのような国も，次の2つの方法のいずれかでこの赤字の資金手当てをしなければならない．

1. 赤字国は，輸入超過額を支払うため，これまで国際的取引で得た所得から貯蓄していたもの（これらの貯蓄はその国の「外貨準備」と呼ばれる）を取り崩す．
2. 赤字国は，その輸入したものの価額と輸出したものの価額との差額を支払うために，その他の国々から資金を借りる．

　過去25年の間，米国の年々の輸入額は輸出額を超過してきたので，国として長年の間の輸出を上回る輸入の超過額の資金手当てのため海外から借金をしなければならなかった．その結果，米国は世界で最大の債権国から，その他の国々から借りている負債額という点で世界で最大の債務国に移行してしまった．

　先の例を続けて用いて，中国が国際取引で得た所得からの100億ドルの貯蓄をどうするのかを考えてみよう．中国人は，すべての貯蓄者と同じように，自ら貯蓄した（未使用の）国際的な契約決済手段（購買力）を将来へ繰り越す流動性タイムマシンを求めている．中国人は，その国際取引で得た貯蓄の大部分を米国財務省証券やその他米国政府支援機関の債務証券の購入に用いている．この事実は，中国人がドルこそ自らの未使用の国際的な契約決済手

段を蓄えるのに最も安全な避難場所であると信じていることを示している．この中国人による貯蓄について，多くの「専門家」は，中国がアメリカの消費者の盛んな買い物のための資金を融通してきた結果，米国の国際的債務の増加をもたらしたと断言している．もし中国人が国際取引で得た貯蓄によって米国の有価証券を購入するのを止めたならば，アメリカの消費者にはもはや輸入品を買う余裕はなく，あれほど多くの中国製品の購入も止めなければならないだろう，とさえ言われている．

もしアメリカ人が多くの中国製輸入品の購入を止めたならば，それは中国企業の利益を損ない中国人労働者の雇用を脅かすことであろう．その結果は，中国に政治的不安を引き起こす可能性がある．中国共産党が人民から支持を得られるのは，自国を外敵から守るのみならず，国民すべての生活条件の実質的な改善をもたらすような経済的措置を講じ続けるかぎりにおいてである．もし中国の輸出が減少するならば，中国人の生活水準は低下し，そのことはデモや政治的不安を誘発する可能性がある．言い換えれば，アメリカ人の莫大な額の中国からの輸入代金を融通するのを止めることは，政権党の利益に合致しているとは思われないのである．

かりに中国がその国際取引で得た貯蓄100億ドルを財務省証券の購入に用いる代わりに，アメリカ産業の製品に支出したとしよう．その結果は，(1)アメリカの工場のより多くの製品が中国において中国人労働者の生活水準向上のために役立つことになり，また(2)アメリカの企業と労働者もより多くの所得を稼ぐことができ，輸出を上回る中国製品の輸入に伴う支払い代金をまかなうために中国から借りる必要もなくなるということである．この例示から得られる教訓は，もし中国が財務省証券を購入する代わりに米国製の財を購入するならば，中国は自国民の実質的生活水準を改善できるのみならず，アメリカ人も中国から借金をすることなく購入したすべての中国製輸入品の代金を支払うのに十分な稼ぎを得ることができるであろうということである．

この簡単な例示は，貿易収支の悪化した国に巨額の国際的債務を背負わせるような貿易不均衡を終わらせるためのケインズ・ソリューションについて

のヒントを提供してくれるはずである．わたくしは，本章の後半でそのような解決策の実施案を提示するつもりである．

　これとは対照的に，この貿易不均衡問題に対する古典派の効率的市場理論の解決策は，もし中国の通貨（人民元）が自由変動外国為替市場で取引されており，米国が中国との貿易収支で輸入超過を出しているならば，人民元の価値がドルに比べて大幅に上昇することで問題は解決されるであろうと示唆することである．米ドルで測った中国からの輸入品の価格は劇的に高まり，ついには米国が中国から大量に購入する余裕をもはや持ち得なくなるであろうというわけである．したがって，中国からの米国の輸入額は顕著に減少するであろう．ドルに比べて人民元の価値が高まるとともに，中国は米国からの輸入品の価格の低下を経験し，米国からより多くの輸入品を購入するであろうとされる．

　マーシャル＝ラーナー条件に関する技術的な議論は，要点の理解を妨げる恐れがあるので，ここでは深入りしないことにしよう．たとえ米ドルの価値が中国の人民元に比べて低下しても，中国と米国との間の貿易不均衡額がなくならないことは十分ありうるという点を指摘しておきたい．最悪の場合の筋書きでは，実際に貿易不均衡がさらに悪化する可能性がある．わたくしは，以下の議論では，この現実世界で起こりうる複雑化要因を無視することにしたい．その代わりに，自由市場が，輸入超過の貿易収支を経験している国の通貨を切り下げることによってどのような貿易不均衡問題も解決することができるとつねに想定されている，この古典派理論の解決策のもうひとつの起こりうる有害な影響について論じることとしたい．

　もし自由変動為替相場制において米ドルの価値が人民元に比べて下落するならば，アメリカの小売店における中国からの輸入品のドル価格は大幅に上昇するであろう．アメリカの消費者の生活費の中で輸入品がかなりの部分を占めているため，さしあたりもたらされる結果は消費者物価指数で測ったインフレ率が上昇するということである．

　もし連邦準備制度が自らの主要な責務はインフレと闘うことであると信じ

ているとすれば，それが採択するインフレ抑制政策にしたがって，ある低い目標インフレ率，たとえば2％が回復されるまで，国内利子率を引き上げる必要があるであろう．米国における利上げは，アメリカ企業の現存する利潤獲得の機会をいくらか失わせ国内の失業を増加させるであろう．連邦準備制度のインフレ抑制を目指した金融政策の目標は，アメリカの家計がすべての財・サーヴィス，すなわちアメリカの工場製品のみならず中国からの輸入品の購入をも減少させるのに十分なほどに，アメリカ人の所得を減少させることである．もしそのインフレ抑制政策が成功するならば，アメリカ人による輸入品の購入がより少なくなるので，中国からの輸入を含む市場需要の減少が，価格上昇に対するブレーキとして働くであろう．おそらくこの輸入の減少がドルに比べた人民元の値上がりを緩やかにし，それによって現実のインフレ率の引き下げにいずれなんらかの効果をもたらすことであろう．

　この筋書きでは，アメリカ人たちが中国からの輸入品の購入を減らすので，中国の輸出産業における利潤と働き口は減少し，中国における失業と潜在的な政治的不安が生み出されることになるであろう．中国においても雇用の喪失が生じるものとすれば，米国輸出品に対する中国の市場需要は減少し，その結果進行中のドルの減価によって増えるはずのアメリカの輸出産業における利潤獲得の機会をむしろ減少させるであろう．明らかに，そのような筋書きは，アメリカと中国の労働者と企業のどちらにとっても好ましいものではない．

　古典派理論は，国家間の通貨の交換レートにどのような変化が起ころうとも，自由で効率的な市場であればすべての交易国において資本と労働の完全雇用がつねに存在しなければならないと想定することによって，この考えられる不愉快な筋書きを避けている．言い換えれば，古典派理論は，この起こりうる失業問題をたんに仮定によって排除しているに過ぎないのである．長期においては，古典派理論は，すべての国に完全雇用が存在しなければならないということを，経験による証拠としてというよりはむしろ，事実の裏付けのない信念の問題として主張しているのである．

古典派理論は，モデルにたくさんの非現実的な公理を詰め込み，将来が少なくとも長期においては知られているという世界における自由変動外国為替市場の魔力を援用することによって，起こりうるいかなる貿易赤字問題も解決しているだけである．

より実際的な経済学者の中には，歴史的に見ると，為替レートが市場で自由に変動することが許されていた時期には，国家にとってしばしば最悪の結果に終わったと指摘する者がいる．したがって，いく人かの専門家は，マーケットメーカーが実際に為替レートを事前に公表されたなんらかの水準に固定するような外国為替市場を提唱している．その結果として，優れた国際決済制度のための必要条件に関する経済学上の議論が，固定為替相場制対変動為替相場制のメリットとデメリットの問題に絞られることが非常に多かった．

しかしながら，第2次世界大戦の終結以来の経験的事実やケインズの革命的な流動性分析が示していることは，たんに為替レートが固定されているべきか，それとも自由に変動するものであるべきかを決定する以上のことが，必要とされるということである．為替レートが固定的であろうと変動的であろうと，起こる可能性のある貿易および国際決済上の永続的な不均衡を適切に解決できるようなメカニズムこそが計画されなければならないのである．そのメカニズムは，これらの不均衡問題を解決するのみならず，同時にグローバルな完全雇用を推進するよう設計されなければならない．そのようなメカニズムは，国際貿易および国際収支の不均衡に対するケインズ・ソリューションの必須の部分になっているのである．

## ブレトン・ウッズの解決策

第2次世界大戦が終わりに近づきつつあったとき，戦勝連合国は，ニューハンプシャー州のブレトン・ウッズに会議を招集した．このブレトン・ウッズ会議の目的は，戦後の国際決済制度を立案することであった．ケインズは英国側の首席代表であった．1944年のブレトン・ウッズ会議におけるケイ

ンズの見解は，自由変動為替相場制の望ましさについての古典派の考えとは対照的に，国際貿易と国際金融に対する古典派の取り組みには，お互いに両立しがたい命題が含まれているというものであった．

ケインズは，自由貿易，変動為替相場制および国境をまたぐ自由な資本移動を認めることが，完全雇用や急速な経済成長とは両立し得ないことがあると主張した．ケインズは，問題に対する古典派のアプローチに代わるもうひとつ別の案を提示した．この代案は，「ケインズ案（Keynes Plan）」と呼ばれる解決策であり，国境をまたぐ資本移動の規制を導入することを国に認める一方で，国際貿易や資金の流れの仕組みをグローバルな完全雇用や力強い経済成長と両立せしめるような取り決めであった．

ブレトン・ウッズ会議の席上，ケインズは，どのような伝統的な国際決済制度——それが固定為替相場に基づいていようと変動為替相場に基づいていようと——の「失敗の主な原因」も，それが，交易国間で永続的な貿易収支の不均衡が生じているときはいつでも，持続的な経済発展を積極的に促進することができないということにあると主張した．ケインズが記しているように，この失敗の主な原因は，

> ただひとつの特徴に求めることができる．このことには深い注意を払っていただきたい．というのは，金属本位に代わって成功するいかなる制度の性格も解く手がかりはここにあるとわたくしは言いたいからである．
> 　自由兌換の可能な国際金属本位制度の特徴は，調整の主な負担を国際収支上の**負債**ポジションにある国——換言すれば（国際収支という点で）それとは反対のポジションにあるその他の世界諸国と比較して，（ここでの文脈では）より弱く，かつより小さいとみられる国——に負わせるというところにある[1]．

ケインズの結論は，調整の主たる**責務**を債務国から債権国に移管することが，どのような国際決済制度の立案に際しても絶対に必要な改良点であると

## 第8章　国際通貨の改革

いうことであった．このように永続的な貿易の不均衡を解消する責任を，自らの輸入額を超える輸出額を永続的に経験している国に転嫁するのは，ケインズの説明によれば，世界貿易を圧迫する縮小主義から拡大主義に変えることになるであろうとのことである．経済発展の黄金時代を達成するために，ケインズは，固定的だが調整可能な為替相場制度と以下に述べるあるメカニズムとの併用を勧めた．そのメカニズムとは，輸出超過の貿易収支を「享受している」国に対しその貿易不均衡を解消するのに必要な努力のほとんどを引き受けるよう要求する一方で，「貿易赤字国に対し自らに許された新たなゆとりを無駄にしないような十分な自己規律を保たせる」メカニズムのことである．

　第2次世界大戦後，戦争で破壊されたヨーロッパの資本主義諸国は，自国民に食糧を与え自国経済を再建するための十分な生産を行なうのに利用可能な戦争被害を免れた生産資源を十分には持っていなかった．経済の再建には，ヨーロッパ諸国が復興のための経済的必要を満たすべく米国との間で巨額の輸入超過を出す必要があった．ヨーロッパ諸国は，ほとんど外貨準備を持っていなかった．（外貨準備とは，戦争で荒廃したヨーロッパ諸国が，当時輸出品を生産するのに十分な生産能力を持っていた唯一の外国——米国——から輸入品を購入するのに使用できるドルを得るために売却することのできた流動資産のことである．）

　米国からの必要な輸入品を得るのに十分な外貨準備を持たない場合，唯一考えられる代替策は，ヨーロッパ人に食糧を供給しその経済を再建するのに必要な米国の輸出品を購入する代金を調達するために，米国から巨額の借入をすることであった．しかしながら，米国の民間部門の貸し手は，第一次世界大戦後の戦勝同盟諸国へのドイツの賠償金支払いが，主としてアメリカの民間投資家のドイツへの貸付によって賄われたこと（いわゆるドーズ案）を忘れてはいなかった．ドイツはこれらのドーズ案に基づく借入金を一切返済しなかったのである．このような過去のいきさつや目下の情況を前提とすれば，民間の貸出機関が第2次世界大戦後のヨーロッパの復興に必要な資金を

提供してくれそうにないことは明らかであった．

　1944年のブレトン・ウッズ会議に提出されたケインズ案は，最大の債権国になることが明らかな米国に対し，戦後のヨーロッパ諸国の米国よりの輸入品への需要から生じた貿易不均衡を解決する責任を負うよう，求めるものであった．ケインズは，米国がヨーロッパ諸国に100億ドルの資金提供をしなければならないだろうと見積もっていた．ケインズ案は，ヨーロッパ人に対するこれらの資金を，米国に提供してもらうための，いつでも動き出せる仕組みを用意していた．しかしながら，ブレトン・ウッズ会議の米国側の代表，ハリー・デクスター・ホワイト（Harry Dexter White）は，米議会がけっしてケインズの必要と見積もった100億ドルを拠出することはないだろうと主張した．ホワイトの主張したのは，その代わりに議会は，この戦後の国際金融問題を解決することへの米国の負担金として，30億ドルを限度として拠出する用意があるということであった．

　ブレトン・ウッズ会議の米国代表団は，最も重要な関係者であった．会議で展開されるどのような案も，もし米国代表団がそれに同意しなければ，何事も進まないことは明らかであった．米国代表団はケインズ案を拒否した．その代わりに，米国案は，国際通貨基金（IMF）といわゆる世界銀行（World Bank）の設立を提案した．

　米国案では，IMFは，輸入超過の貿易収支に陥っている国々に対し，短期融資を行なうことが構想されていた．これらの融資は，債務国に，経済状態を正常に復し輸出より輸入の多い状態を止めるための時間的ゆとりを与えるものと想定された．米国は，IMFの融資制度への分担金として最大30億ドルを拠出することとされた．世界銀行は市場から資金を調達する予定であった．そしてこれらの資金は，当初は戦争で破壊された国々に対し，のちには後進諸国に対し，資本設備の再建や改良のための長期貸付金を提供するために用いられることとされた．この案は基本的に，ブレトン・ウッズ会議で採択された制度的枠組みであった．

　米国案のもとでは，IMFや世界銀行からの国際的融資は，戦争で破壊さ

れた国が，第2次世界大戦後直ちに必要とするような，米国からの莫大な量の輸入品の資金手当てのために唯一利用できる資金源であったが，IMFも世界銀行もともに，ヨーロッパ諸国が必要とする額の貸付をするのに十分な資金を持っていなかった．かりにこれらの機関が十分な貸付を行ない得たとしても，ヨーロッパ諸国は，巨額の国際的債務を負わなければならなかったであろう．ヨーロッパの選挙民は，再建のために必要な巨額の国際的借入債務に直面するくらいなら，共産主義体制を選ぶかもしれなかったのである．

共産主義がソヴィエト連邦から西側に広がらないことを確実にするために，1947年に米国は，海外援助として18カ月にわたって50億ドル，4年間にわたって総額130億ドルの資金を提供するマーシャル・プランを策定した．（この額は，インフレを勘案すれば，2008年時点のドル価額で約1,500億ドルに相当する．）被援助国は，マーシャル・プランの資金を返済するなんらの義務も負わなかった．マーシャル・プランは本質的に，戦争で破壊された国々に対する130億ドル相当のアメリカの輸出品の4年間にわたる**贈与**であった．マーシャル・プランにより，被援助国は，米国の年間総生産額の2%に相当する米国の輸出品を，1947年から1951年までの4年間にわたり購入することができたのである．しかし米国の住民のだれ1人も貧しくなったと感じたことはなかったし，マーシャル・プランが，アメリカの家計に対しなんらの実質的な犠牲を強いたわけでもなかった．アメリカの家計の所得は，マーシャル・プランの期間中も伸び続けたのである．

戦争が終結するやいなや，政府の軍事支出は大幅に減少し，このことだけでも戦後の重大な失業問題を生み出していたかもしれない．この軍事支出の削減を相殺したのがマーシャル・プランの資金であり，被援助国はその資金をアメリカの輸出品の購入に使用し，それによって，ちょうど数百万人の成年男女が兵役から解放され就労可能人口に加わったまさにそのときに，米国輸出産業における雇用の増加を促進したのである．（さらに，アメリカの労働者が戦時中に稼いだ高所得から支出せずに閉じ込めていた消費者需要は，消費支出の大幅な増加をもたらした．）米国はその歴史上初めて，大きな戦

争の終結直後の支出不足による厳しい景気後退を被らずに済んだのである．むしろ，米国もその他の世界のほとんどの国も経済的な「無償の恩典」に浴したといえる．将来債務国になりそうな国も債権国になりそうな国もともに，巨額の実質的経済利得を得たのである．

　このマーシャル・プランの経験から汲み取るべき教訓は，債権国が貿易および国際収支の永続的不均衡を解消する責務を引き受けるならば，その結果として赤字国と黒字国の双方が勝ち組になるということである．このことの含意は，米国がここ数十年の間貿易赤字を出しており，日本，インドおよび中国が自らの経済を成長させるために輸出超過を出すことに頼っている昨今の国際貿易状況にとって，明白である．

　しかしながら，1958年の時点では，米国はなお年間50億ドルを超える財・サーヴィスの輸出余剰を上げていたが，米国政府の海外および軍事援助は60億ドルを超え，他方16億ドルのネットの民間資本流出があった．すなわち，米国の輸出品への外国人の支出による流入額よりも総額で26億ドルも多い資金が米国から流出しており，戦後の米国国際収支の潜在的な黒字状態は終わっていたのである．

　他の国々は，国際収支の黒字を経験し始めていた．これらの黒字収支国は，その黒字を米国からの輸入品の追加的購入に費やさなかった．むしろそれらの国々は，その余剰ドルを米国連邦準備制度から金準備の形での国際的流動資産を購入するのに用いた．同時に，復興なった欧州と日本は輸出品の重要な生産者となり，その他の国々は米国の輸出産業にさほど依存しなくなった．

　1958年だけでも，米国は20億ドル以上の金準備を外国の中央銀行に売却したが，他方欧州へのアメリカの輸出は大幅に落ち込んだ．その結果，米国経済は景気後退に陥り，他の国の経済も直ちに景気の後退を示した．

　1960年代に，貿易黒字国はその輸出超過額を，国際市場で流動性タイムマシンとして使用できる米国の金準備への需要に転換し続けた．黒字諸国が米国の金準備を枯渇させるにつれて，ブレトン・ウッズ体制と経済発展の黄金時代を崩壊させる種はまかれつつあったのである．

1971年に，リチャード・ニクソン大統領は，ドルを稼いでアメリカ製の財を購入せずに金を購入したいと思っている外国に対し，米国政府がもはや金を売却しないと宣言した．要するに，米国は一方的に，ブレトン・ウッズ協定から離脱したのである．1971年には，債権国が永続的な貿易不均衡を是正する大きな責任を負うべきであるとする，国際金融へのケインズの開明的なアプローチの最後の痕跡すら忘れ去られてしまうに至った．

それ以来，他の国々が世界最大の消費財市場である米国に対する輸出品販売の継続的拡大に基づく経済成長政策を追求するにつれて，米国は貿易収支の悪化を示しがちとなった．輸出産業は多くの国の経済，とくにアジアの経済を支える背骨であった．アメリカ人が，外国人向けに輸出するより多額の輸入品を外国人から進んで購入するかぎりでは，米国はこれらの輸出国の成長を刺激した．

しかしながら，米国が2008年に大不況以来最大の経済危機に陥ったため，アメリカ人は輸入品に対する支出を大幅に削減した．その結果，経済成長を輸出に頼っている国々は，ただちに景気後退に陥った．例えば，2008年の第4四半期についていえば，日本の国内総生産は輸出の急激な落ち込みにより12％以上も減少したのである．

現在の国際貿易と国際決済制度は，このような不景気の波のグローバルに広がるのを可能にしており，また実際に助長しているきらいがある．1944年のケインズ案は，ある国で起こるかもしれないどのような景気後退や金融市場の失敗も他の国々には波及することのないように慎重に設計されていた．今こそ，将来このような伝染が起こらないように，国際決済制度をどのように改革することができるのかを考えるべき時である．

## 国際決済制度の改革

ケインズ案の根底にある原理を今日の時代に合うよう新しくすることによって，効率的市場論者に迎合することなしに，グローバル経済の繁栄を増進

し，なおかつ今日の政治的現実にも合った，21世紀型の国際金融の枠組みを展開することは可能である．ケインズが記しているように，「[社会一般の通念がそうしているように]もしわれわれが，自由放任の方式を信頼してそれに任せさえすれば，均衡を保つ何らかの円滑に機能する自動的な（自由市場の）調整メカニズムが存在すると想定することは，歴史的経験からの教訓を顧みず健全な理論の支持を背後にもたない独善的な妄想である」[2]．

1994年のメキシコのペソ危機以来，実践的な政策立案者の中には，自由市場が国際決済分野におけるたび重なる危機を防ぐのに十分ではないことを悟った者もいる．その代わりかれらは，そのような危機が起こる時はいつでも，国際金融市場での流動性の急激な枯渇を押しとどめ国際的投資家を救済するためのある種の**危機管理者**の創設を提唱している．メキシコのペソ危機後の1994年に，財務長官のロバート・ルービンが，クリントン大統領に，メキシコに対しアメリカの資金を貸し付けることによって危機管理者としての役割を果たし，その結果としてメキシコ債券への国際的投資家の富を救済するよう促したのは，その一例である．

1997年に入ると，タイ，マレーシアおよびその他の東アジア諸国は，それぞれの経済を台無しにした国際通貨危機を経験した．1998年には，ロシアの債務不履行がヘッジファンドのロング・ターム・キャピタル・マネジメント（LTCM）を破綻に導くもうひとつの危機を引き起こした．ニューヨーク連銀による素早い措置がなかったならば，その破綻はアメリカの株式市場における暴落を引き起こす可能性があったと思われる．（LTCMの首脳陣の中に，効率的市場環境における「適正な」リスク・プライシング公式を発見したことでノーベル賞を受けた，マイロン・ショールズがいたことに留意されたい．ショールズの公式でさえ，LTCMを投資の大失敗から救うことはできなかったのである．）

ロシアの債務不履行やLTCMの倒産の際に，クリントン大統領は，将来の国際決済危機を防ぐことのできるような，国際金融市場取引のための「新しい金融の制度設計」を要請した．言い換えれば，政策の目的は危機管理と

## 第8章 国際通貨の改革

いうよりもむしろ,危機の防止でなければならなかったのである.

　IMF 理事のスタンリー・フィッシャー (Stanley Fischer) もまた,IMF が起こりつつある危機を阻止するのに十分な資金を持っていないことを認識していた.フィッシャーは,世界の主要国,いわゆる先進7カ国 (G7) が暫定的な仕組みを作り,それによって,国際決済において赤字をこうむっている国が正常な状態に復帰することができるまでそのような赤字国に対する資金提供を助けるための追加融資手段を用意するよう,提案した.赤字国に資金を供給するための先進7カ国グループによる暫定的な協調を求めるフィッシャーの声は,密集した劇場の中で誰かが火事だと叫んだあとで,炎を消すためのボランティアの消防署員を募る行為に等しい.たとえ火事が最終的に消されたとしても,多くの巻き添えを食った犠牲者が出ることであろう.さらに,新しい通貨危機という火事が起こる度毎に,ボランティアの消防署員である先進7カ国グループは,炎を消すために市場にいっそうの流動性を注ぎ込む必要があるであろう.より望ましい目的は,恒久的な防火体制を作り出すことであって,新しい危機が起こる毎にますます大きなボランティアグループの結成を当てにすることではない.言い換えれば,危機管理というよりはむしろ,危機防止こそが政策目標でなければならないのである.

　クリントン大統領が新しい国際金融の仕組みを声高に求めたのは,現在の国際決済システムに恒久的な変革と改良の必要があることを暗黙裡に認めていたからである.残念なことに,クリントン大統領の要請は,国やその住民の中には厳しい経済的苦痛を経験したところもなくはなかったものの,国際社会がその苦難を何とか切り抜けることに成功したので,取り上げられるまでには至らなかった.

　2007年に,国際金融システムのもうひとつ別の崩壊が始まった.米国のサブプライムローン危機が,ドイツ,英国,フランス,スペインおよびその他の国々における銀行組織に大混乱を引き起こした伝染病を発症した.その伝染病は,アイスランドの銀行システムの完全な崩壊をもたらす原因となった.本書を執筆している今現在も,通常は金融安定性の模範とみなされるス

イスの銀行でさえ，厳しい経済危機の状態にある．国際金融の新しい制度設計の必要性は，かつてないほどに切実なものになっている．

21世紀の相互依存的なグローバル経済においては，交易国間でのかなりの程度の経済協力が欠かせないものとなっている．国際決済制度を改革するためのもともとのケインズ案は，単一の超国民的中央銀行の創設を求めている．わたくしは，最近の著作[3]において，国際金融の新しい制度設計についてのより控え目な提案を展開している．わたくしの提案は，控え目ではあるものの，ブレトン・ウッズでケインズによって主張されたのと同じ経済原則の下で機能するはずである．むしろわたくしの案は，超国民的な世界中央銀行の設立を求めることなく，どの国にも国内の銀行組織や金融財政政策の実施についての監督権限を超国民的当局者に引き渡すよう要求することのないような，より控え目で受け入れられやすい国際的合意を得ることを目指している．各国は依然として，その国民にとって最善の経済的命運を，かりにもその命運が交易相手国の雇用や所得稼得の機会にマイナスの影響を与えることのないかぎり，自ら決定することができるであろう．

会員に限定された複式簿記記帳を行なう清算機関は，いろいろな交易国間での支払い「勘定」を記録するのに必要であり，加えて，永続的な貿易不均衡および収支不均衡の問題を解決するためのみならず，一国の経済を混乱させたりグローバル経済を脅かしたりする可能性のある国際金融市場取引を防ぐためにも，相互の合意によって定められたいくつかの規則が必要である．

わたくしは，この案のもとで設立されるべき新しい国際機関を，国際通貨清算同盟（International Monetary Clearing Union, IMCU）と呼んでいる．輸入のためであれ，国境を越える資金調達のためであれ，すべての国際的決済はこの清算同盟を経由することになるであろう．各国の中央銀行は，IMCUに預金勘定を設定するものとする．A国居住者がB国居住者に行なうどのような支払いも，IMCUにおける各国中央銀行の勘定を通して清算されなければならないだろう．IMCUを通じて清算されるとき，A国の住民からB国の住民への支払いは，IMCUにおけるB国の中央銀行勘定の貸方記入

として現れ，IMCU における A 国の中央銀行勘定の借方記入として現れるであろう．この過程は，一般の人びとには複雑なように見えるかもしれないが，それは，米国内のある地域（たとえば，カリフォルニア州）の住民が，他の地域（たとえば，ニューヨーク州）の住民に支払いを行なった場合の小切手を清算する方法のたんなる国際版にすぎない．小切手は，米国連邦準備制度によって設立された手形交換所をつうじて清算されるのである．

この IMCU は，ケインズ案を 21 世紀のグローバル経済にも当てはまるように改良したものである．それを機能させるには，あらゆる種類の国際金融問題を取り扱うための少なくとも 8 つの技術的提案を必要とするであろう．しかしながら，わたくしは，ここでの議論の目的を考えて，これらの技術的な詳細に立ち入らないこととしたい．その代わり，わたくしは，永続的な貿易収支の不均衡と国境をまたがる破壊的な資金移動の起こらないようにし，同時に他方でグローバルな完全雇用と経済成長を促進するよう企図された IMCU によるケインズ・ソリューションに含まれる原則について詳しく述べるに留めたい．

この IMCU の 3 つの目的は，以下の通りである．

1. ある国がその国際的に稼いだ所得からあまりにも多くを貯蓄することによって過大な遊休外貨準備を保有している時はいつでも，流動性問題が原因で産業の生産物に対するグローバルな有効市場需要の不足が発生することのないようにすること．言い換えれば，この IMCU は，グローバルな完全雇用を確保するのに役立つような利潤インセンティブを輸出産業において生じさせるための十分なグローバルな支出を促すはずである．
2. 国際貿易の不均衡を是正する主な責任を，永続的に貿易黒字を出している国に負わせるための自動的メカニズムを用意すること．
3. 各国に，以下のような資金の自国からの移動を監視でき，もし望むならば，管理できる能力を与えること．
    a. 自らに課せられる税金逃れのために，国境を越えて移動する資金お

よび貨幣.
b. 国外逃亡を図る,違法な事業によって稼いだ所得.
c. テロリストに活動資金を提供するために国境を越える資金.

われわれの議論にとって関連の深い最も重要な原則は,項目(1)と(2)の原則である.IMCUシステムは,輸入を超える輸出によって永続的に貿易黒字を出しているどのような国に対しても,IMCUにおけるその国の預金勘定に預け入れられた流動的な外貨準備資産のうちで,(前もっての)国際社会の合意によって「過剰な」預金残高(貯蓄)であるとみなされる部分を支出するよう促す自動的メカニズムを持たなければならない.これらの蓄積された預金(国際的取引で稼いだ所得からの貯蓄)は,債権国が外国の産業の生産物を購入するのに使用することができたにもかかわらず,そうせずにIMCUへの預金の形での外貨準備を増やすことに用いた資金を表わしている.このことには,ある国がIMCUへのその預金勘定に過剰な残高を保有しているとき,これらの過剰な預金残高はグローバル経済のどこかで失業問題や企業にとっての利潤獲得の機会の不足状態を生み出しつつあるという認識が必要である.

もし債権国がその過剰預金残高を支出するならば,この支出は世界中で利潤獲得の機会と労働者の雇用を増加させ,それによってグローバルな完全雇用を促進するであろう.ケインズ・ソリューションは,債権国にこれらの過剰預金残高を次の3つの方法で,すなわち,

1. 他のどのようなIMCU加盟国の生産物に対して,
2. 他のIMCU加盟国内における新規の海外直接投資プロジェクトに対して,あるいは,
3. 赤字のIMCU加盟国に,マーシャル・プランと同じような海外援助を提供する形で,

支出するよう促すことにしている．債権国は，これら3つの方法のどのような組み合わせをも自由に選んで，IMCUにおけるその過剰な預金残高を支出してもよいとされる．

　過剰な預金残高を他のIMCU加盟国の生産物に支出することは，黒字国に，他の国々における利潤と雇用を作り出すよう促すことになる．このことは，輸入超過の貿易収支を経験しており輸出品を超える輸入品の購入のために外国人から借入をしている国民や企業にとって，より多くの所得を意味する．要するに，このような支出は，赤字国に対して，自らの債権者に追加的に輸出品を販売することによって追加的な所得を稼ぎ，その結果として徐々に国際的債務の解消を図る機会を与えることになるのである．

　海外の直接投資プロジェクトへの支出においては，IMCUに過剰預金残高を持つ国には，赤字国内に工場や機械設備を建設し，それによって赤字国内の建設産業における利潤や働き口や所得を増加させる必要がある．もしこの海外直接投資を受け入れる国が後進国であるならば，この海外直接投資支出は，その国の諸施設を21世紀基準に合ったものに築き直すのに役立つことであろう．

　海外援助支出は，赤字国に対しその債務負担を軽減するため，あるいはさらに借金を重ねることなしに外国の生産者から追加的にその生産物を購入するため用いることのできる「贈り物」を提供することである．

　これら3種類の支出代替案は，黒字国に，貿易収支および国際収支の不均衡を是正する主な責務を引き受けるよう促すものである．にもかかわらず，黒字国には，どうすれば自国民のためになると信じるやり方で調整の責任を引き受けることになるのかを決定するにあたり，かなりの選択の自由が与えられている．しかしながら，黒字国が赤字国にいっそう貸し込みを図り，赤字国にその支払い能力とは無関係に契約上の追加的な債務返済義務を課すことによって，責任を債務国に転嫁するようなことは許されない．

　重要なことは，黒字国による継続的な過剰貯蓄が国際流動性準備の形をとって他の国々に不景気をもたらすような経済的影響力をまき散らしたり，あ

るいは21世紀のグローバル経済を貧しくするほどに重い国際的債務を累増させたりするのは許されない，ということを明確にすることである．

　黒字国が「過剰」とみなされた預金残高を指定された期間内に支出ないし供与しない場合には，IMCUの運営者は，預金残高の内の過剰とみなされた部分を没収する（とともに加盟債務諸国間に再分配する）ことになるであろう．この最後の手段は，ある国の保有している過剰流動性に対して100％の税金をかけるのに等しい．継続的に過剰な流動性を保有していることは，貿易赤字を出しているひとつあるいはそれ以上の国で永続的に過大な失業が存在していることを意味する．もし黒字国がその過剰に保有する黒字分を支出しないならば，それらを没収し債務国に与えることは，後者のメリットになるであろう．もちろん，過剰な預金残高を保有している国は，もしそれを支出しないならば，税率100％の税金が掛けられることを十分承知しているので，この没収ともいえる課税がなされなければならない事態はまず起こりそうにない．

　固定為替相場制のもとであろうと変動為替相場制のもとであろうと，各国はどれだけを輸入するかを自ら決定する自由を持っているので，国によっては，たんに交易相手国が身分相応の暮らしをしないために——すなわち，それらの国が海外への輸出収入の一部を海外の企業の生産物に支出しないで継続的に貯蓄する（保蔵する）ために——永続的な貿易赤字を経験するところも出てくることであろう．これらの過剰貯蓄国は，そうすることによって，世界の産業が生産することのできる製品に対するグローバルな市場需要の不足を引き起こしているのである．

　債権国に過剰な預金残高を払い出すよう要求するこのケインズの原則の下では，他の国々が非常に大幅な過剰貯蓄をしているからといって，赤字諸国が自らの輸入を減らしそれによって国際収支の不均衡を是正すべく緊縮政策をとり国民の所得を削減する必要性はもはやないであろう．むしろこのIMCUシステムは，赤字国がその生産物を海外へ有利に販売でき，それによりさもなければますます悪化していく債務者の立場からの脱却を図る機会

を増やすことによって，国際収支上の赤字を是正しようとするものである．

　最近，グローバルな金融危機がより深刻になるにつれて，各国は，おそらくIMFと世界銀行の機能を拡大するなど現行システムをへたにいじくりまわそうとすることが，かえって目下進展中の国際貿易および金融決済問題を解決することにはならないことを思い知らされることになるであろう．ここ数年の間に，問題を終息させるための応急手当てが無駄な試みであったことがわかり，国際通貨制度は困難な事態に立ち至りつつある．世界は，米国が1944年にブレトン・ウッズでケインズ案を拒否したとき，ひとつの絶好の機会を逃してしまった．再び巡ってきたこの機会を，われわれはぐずぐずして逃すようなことのないようにしたいものである．

　2009年のオバマ大統領の経済再生計画がアメリカ経済を復活させ始めるならば，米経済は再び世界の成長の原動力としての役割を果たすことになるのかもしれない．しかしながら，その結果としてもたらされる輸出を上回る輸入の超過は，米国の国際収支の不均衡問題をより重大なものにし，多くの人が最も流動性が高く安全な避難先である外貨準備資産としてのドルの地位の劣化を恐れるような雰囲気を醸し出すかもしれない．そのような恐れは，グローバルな金融市場を混乱させ，グローバル経済をいっそう景気後退に陥れる可能性がある．

　かりにそのようなことが起こるとしたら，国際貿易および国際決済システムの改革は，これまでにもまして必要とされるであろう．主要国のリーダーたちが，グローバル経済の回復を促進し繁栄の時代を取り戻すために，IMCUのようなケインズ案を基礎にした改革案を採択する必要性のあることを明確に理解してくれることを，わたくしは願っている．

## 資本規制擁護論

　将来は不確実であるから，どのような時点においても，ある国の住民に自国経済の見通しについていっそうの不安を感じさせるようななんらかの出来

事（束の間のものであろうとなかろうと）が起こるかもしれない．為替取引の自由な市場システムのもとでは，これらの住民は自国内の銀行組織からその貯蓄を引き出し，それを自らが安全な避難所と信じる他の国の銀行組織へ移すことができる．安全な避難所を見つけようとしてある国を去る資金は，「逃避資本（flight capital）」と呼ばれる．もし相当数の人びとがその資金を同時に自国経済からこの安全と思われる避難所に移そうとすれば，その結果もたらされるのは，銀行の倒産を引き起こす取り付け騒ぎと同じものになる．

銀行取り付け騒ぎの場合には，通常であれば預金保護政策によってそれを押し止めることは十分可能である．不幸なことに，大量の逃避資本のある国から他国の安全な避難所への移動は，たんに国内の預金に保険を付けることによっては阻止できない．むしろ，もしこの資金の逃避が巨額といえるほどになるならば，ますます多くの人が，国内で生産された財の購入を取りやめ流動的な外貨資産の自らの保有を増やすにつれて，国内経済の崩壊をもたらす可能性がある．このような状況は，国内経済にかなりの景気後退圧力を生み出し，それによって政府が経済を安定させ景気後退ないし不況に陥らないようにするための経済政策に取り掛かるのをより困難にするのである．

わたくしの案では，国境をまたぐすべての資金の動きはその国の中央銀行および続いてIMCUを経由しなければならないから，国家は，国境を越えるどのような資金の動きをも監視することができ，そのような取引がIMCUの帳簿上の中央銀行預金をつうじて処理されるのをたんに拒否するだけでその動きを停止させることができる．各国は，理由が何であれ，そのような資金の流出を防ぐことが国民経済の利益になると政府によってみなされるならば，資金の流出を制限するのに効果的な政策を策定することができるのである．

したがって，例えば第6章で指摘したように，もしそのようなシステムが実現されるならば，米国政府は，秩序と流動性を保証するための信頼できるマーケットメーカーの制度を欠いている，投資銀行によって組織される国内金融市場の創設を禁止することができるであろう．この資金管理条項のもと

では，もし各国の証券取引委員会が金融サーヴィス企業による一定の金融市場活動を一律に禁止するならば，アメリカの金融サーヴィス産業は，米国の証券取引委員会の規則に従わない外国の金融サーヴィス企業に利益の奪われることを恐れる必要もなくなるであろう．

　最後に，違法な活動から得られた資金，自国の徴税吏の追求から逃れるためにある国から他の国へ移動している資金，ある国で調達され国際的なテロリスト活動を賄うために別の国に集められつつある資金などのすべての動きはまた，その国の中央銀行を経由して IMCU に至るものでなければならない．その結果，各国はそのような国境を越える取引を監視することができ，その発生を阻止することができるのである．明らかにこれは IMCU 案の重要な側面である．それにより各国は，だれも自らの適正な税負担分を支払うのを避けるために国際的な取引制度を悪用することはできないことをその市民に得心させることが可能になる．それはテロリスト組織への国際的な資金提供を防ぎ，また政府が，どのような違法な国際的麻薬取引による利益の源をも切り崩すのを可能にするのである．

# 第9章
# ケインズも誇りに思うような文明化された
# 経済社会の実現に向けて

　文明社会とは，その市民を励ましてその行なうどのような試みにおいてもすぐれたものになるよう努力させるものである．しかしながら，文明社会はまた，その市民がすでに持っているかあるいは今後伸ばすことのできる特殊技能を活かせる分野で働く機会を，市民に与えなければならない．いやしくもなすに足ることなら立派にやるだけの価値がある．文明社会はまた，社会で生産を担当している人びとが，他の人びとの欲求についての感受性と共感を持ち続け，他の人びととの間で公明で誠実な契約上の取引をするよう促すはずである．これらすべての目的は，すべての人が働き所得を稼ぐ機会を持っている経済システムにおいては，達成が容易である．資本主義経済においては，律義に働きそれに対して正当な所得を得る能力は，労働者その人だけでなくその家族に対しても自尊心を与えるものである．

　しかしながら，過去40年のほとんどの期間中，経済政策をめぐる社会に公開された議論は，もし利己的な個人が政府の干渉も規制もない自由な市場で社会の他の人びとについて思いわずらうことなく事業活動をすることを許されるならば，結果として生ずる自由市場は経済を至福の状態に導くであろうという信念によって支配されてきたのである．しかし，金融機関の規制緩和は，一方で私利をはかる住宅ローン組成業者，投資銀行およびその他の業者たちが，住宅購入希望者たちに（しばしば詐欺的な情報と一緒に）住宅ローンを提供することを可能にしたものの，他方でもはやその住宅ローンの返済負担に耐えられなくなった数百万の罪のない人びとやグローバルな経済が

いっそうの景気後退に陥るにつれて働き口を失った多くの無辜の人びとに，大きな不幸をもたらしたのである．今望まれることは，今日の政治的リーダーたちがこの社会的地殻変動ともいうべき経験から学び，けっして再び自由市場哲学に盲目的に従うことのないようにすることである．

　現代の資本主義経済システムにおいては，生産的な仕事を持つことは各市民に尊厳を与える上での重要な要素である．したがって，文明化された資本主義経済システムの最も重要な目的のひとつは，働く意欲と能力を持っているすべての人が，安全で健康的な環境下での働き口を確実に得ることができるようにすることである．先の諸章は，民間部門の雇用主が，積極的に仕事を求めているすべての労働者を雇用するのに十分な利潤インセンティブを持つことができるのを，政府がどのようにして保証することができるのかについてのケインズの考えを説明した．

　ルーズヴェルトは，政府にはすべての市民に雇用と繁栄を提供する最後の拠り所たる買い手として演じるべき積極的で強力な役割があるという，ケインズの哲学の威力を明確に理解した最初の大統領であった．それでもなおルーズヴェルトは，国家を打ちのめし将来の世代に負担を負わせる国債の恐怖にとらわれていたが，戦争が勃発したとき，そのような懸念は一蹴されてしまった．巨額の政府赤字によって賄われた戦争に勝つための支出は，政府がつねに民間の全就労可能人口に対して完全雇用という幸運を保証する上で積極的な役割を演じることができるのを明確に証明したのである．

　ルーズヴェルトの後継者たちは，共和党員であれ民主党員であれ，ケインズがこのような政策処方箋を提案した最初の人物であったことを必ずしも理解していなかったとしても，経済的繁栄を維持するためにケインズの発案した政策を採用した．われわれがすでに指摘したように，トルーマン大統領の政権は，マーシャル・プランを生み出した．この計画で，国際貿易の黒字国である米国は，貿易不均衡問題を解決するためにその富を使用し，それによってヨーロッパ諸国がその国民経済を再建するのを助けるとともに，アメリカ人のために輸出産業での雇用機会を作り出したのである．トルーマンの後

継者であるドワイト・アイゼンハワー (Dwight Eisenhower) は，平時に企てられたものとしては最大規模の公共事業計画のひとつである，全国高速自動車道路網の建設計画を策定した．この事業は建設業やその関連産業に利潤と雇用をもたらしたばかりでなく，工場の戸口で原材料を受け取ったり最終製品を市場に届けたりするのをより安価にすることによって，アメリカの工場の生産性を高める輸送システムを国家に提供したのである．そのような積極的な政府施策は，米国や自由世界のほとんどの国に繁栄し続ける文明化された生活の場をもたらしたのである．

一方，この期間中，連邦準備制度は，その主な役割が金融市場の流動性と安定性を維持することであると理解していた．同時に，グラス‐スティーガル法が厳しく適用され，顧客に貸付をする銀行機能は，よく組織化され秩序ある金融市場で有価証券を発行する投資銀行の引受機能と厳格に分離された．

1970年代におけるスタグフレーションの出現とフリードマンの自由市場哲学の勝利によって，中央銀行と政府は，経済に対して，これまでとは異なったあまり洗練されているとはいえない哲学的アプローチを採択するに至った．例えば，石油輸出国機構（OPEC）によって仕組まれた原油価格の2回目の急騰後の1979年に，ヴォルカー議長のもとにあった連邦準備制度は，利子率を2桁の水準にまで高め，多くの企業にとっての利潤獲得の機会を意図的に台無しにし，大不況以来最も高い失業率を生み出した．米国経済が急速に悪化し自由世界の他の国々の経済もまた落ち込むにつれて，ガソリンやその他の石油製品に対する需要の著しい減少がみられた．同時に，非OPECの新しい原油供給が，北海やアラスカのような地域から市場に現れた．OPECのカルテルは，これらの挑戦に直面して，それほどの圧力を市場に加え続けることができなくなった．石油価格は低下し，以後長年にわたって低水準にとどまった．労働者が生計費の増額を要求し企業がその利潤マージンをインフレから守るために価格を引き上げるにつれて所得インフレを誘発することになる商品インフレの脅威は，抑えられたかのように見えた．

このように所得インフレの到来を阻止するため意図的に高い失業率を作り

出すという，1979年から81年に至る連邦準備制度主導の政策の事例から導き出される考えは，単純明快であり自由市場哲学にも合致するものであった．その構成員が2年ごとの政治的選挙の洗礼を受ける必要のない独立した中央銀行理事会は，国民が不本意ながらも受け入れざるを得ないような政策をも立案することができた．これらの政策は，労働者と経営者が自由市場において顧客を失うことなく賃金や価格を引き上げることができると信じるほど経済が好調なときに解き放たれるインフレ圧力を抑えることを，目的とするものであったと思われる．

むしろ，もしインフレが中央銀行家の望ましいと感じている水準より高い場合，雇用主に労働者を一時解雇させるために企業にとっての利潤獲得機会の減少を生み出すことを意図的に狙った不人気な金融引き締め策を中央銀行が実施するという，金融政策が立案されるのがつねであった．メロン財務長官のフーヴァ大統領に対する冷徹な政策提言が，政治権力の中枢部に復活してきているのである．体制から不健全な部分を取り除くには企業と労働者の所得を稼ぐ機会を一掃する必要があった．企業と労働者は，所得を稼ぐ機会を失うことにより，新たな働き口や利潤獲得の機会が現れた時，より勤勉に働きより控え目な要求をするようになるであろうというのである．確かにこれは，21世紀の資本主義システムの経済問題に対するあまり洗練された解決策とはいえない．

ケインズ・ソリューションは単純であるとともに，間違いなくより洗練されたものである．人びとが働くことを望んでいるかぎり，政府は人びとが自らの技能に適した働き口を得る機会を確実に持てるような手段を講じなければならない．もしその国の営利企業が労働者を完全に雇用して生産できるすべての財・サーヴィスに対する市場需要を生み出すのに十分な民間部門の購入者からの需要が存在するならば，政府の唯一の責務は，安全な労働条件，製品の安全性要件などを確保するために文明社会によって制定された法律に，雇用主を間違いなく従わせることである．

国の産業の生産物に対する民間部門の市場需要に大幅な不足がある場合，

そしてその場合にかぎり，政府は，企業にとって利潤獲得の機会を，また失業者にとって雇用の機会をそれぞれ生み出すような需要を増大させる上で積極的な役割を演じるべきである．かなり大幅な景気後退が差し迫っているように思われ民間部門の購入者がその所得をより多く支出しようとしないとき，政府は最後の拠り所たる買い手としての機能を果たすべく介入しなければならない．それでは政府はどんなものを購入すべきであろうか．

ケインズが主張したことは，上述のような場合，国家は生産性を向上させるような活動を国にもたらす分野への投資を試みるべきであるということであった．ケインズによれば，もし政府支出が「完全雇用に近い状態を確保する唯一の方法」であると考えられるならば，「政府当局が個人の創意と協調するようにさまざまな形で妥協し工夫することをすべて排除する必要はない」[1]．

したがって，生産的投資には，政府が国の高速道路，橋梁，空港および港湾を改修することによって，経済のインフラを再建するために民間企業に支出することも含まれる．このことは，政府がたんに利潤と働き口を生み出すために「どこにもつながらない無駄な橋」の建設資金をも供給すべきであるということを意味しない．もっとも，無駄な橋でも建設することはなにもしないよりはよいかもしれないが．しかしながら，統計の示すところによれば，アメリカにおいて，重要な目的地に至る多くの橋梁や高速道路が改修の必要に迫られているとのことである．

国民の健康，したがってまたその生産的活力を改善するような他のインフラ関連のプロジェクトには，給水システムやあらゆる種類の衛生施設の改修や改善が含まれる．

もしその国やグローバル経済が現在の経済危機から回復するならば，OPECカルテルの石油価格を引き上げる力は再び高まるであろう．そこで代替エネルギー源を生み出すコストを削減する方法についての大学や民間部門の研究開発を促すための政府支出は，明らかに国家の石油への依存度を引き下げる生産的な投資である．国の高圧送電線網をグレードアップすること

もまた，経済による原油製品の使い過ぎを止めさせる生産的投資の範疇に属する．同じようにして，政府は，通勤者の交通を高速道路上でガソリン燃費の悪い車を使用することから効率的で信頼性の高い公共輸送機関に切り替えるのを促進するために，軽軌条鉄道輸送システムの発展を促すべきであろう．そのようなプロジェクトはまた，地球温暖化を防止しわれわれの子孫に残す大気汚染を削減しようとする国の努力にも寄与することであろう．

21世紀のハイテク・グローバル経済においては，教育は，将来の世代の技能，知識および教養を向上させるためのとくに重要な投資プロジェクトである．衰退する経済のため税収の大幅な落ち込みをこうむっている地方自治体は，現状の教育システムを維持することが，不可能とは言わないまでも困難と感じており，いわんや質を高めることはできそうにない．もし連邦政府が地方や州の教育システムのために資金を提供するならば，公立学校，地域短期大学および公立大学は，国民をより生産的でより楽しい生活に乗り出させるためのプラットフォームになる可能性がある．

しかしながら，ケインズも『一般理論』の中で警告しているように，「われわれは著しい分別をもっており，思慮深い理財家にそっくり似るようにしつけられており，子孫のために彼らの住む家を建て彼らの『金融的』負担を増すような場合には，事前に慎重な考慮を払うので，われわれには失業の苦難からそんなに簡単に脱出する途がないのである」[2]．借入は将来の世代に多額の国家債務を負わせることになるであろうから，政府は雇用や将来の世代が使用するような生産的投資を生み出すために借金をすべきではないと主張するものがいる．もし政府が後世により少ない国家債務を残そうとしてなにもしないでおくならば，われわれが生産的な成果を提供しないことによってどれだけ将来の世代を貧乏にすることになるのかを，かれらは理解していない．

明らかに，政府が経済回復のための大規模な支出再建計画によって促進できると考えられる投資プロジェクトの一覧表は，膨大なものになる．これらのプロジェクトの多くは，たとえ経済が深刻な不況に陥っていないとしても，

投資するのが好ましいものであろう．国民の生産性を改善するメリットはあまりにも明らかであるので，投資プロジェクトへの支出の結果として生じる国家債務の規模がわれわれの子供たちにとってあまりにも耐えがたい負担となる恐れがあるからといって何もしないで済ますことはできないのである．

おそらく重要だが政治的に議論となる恐れのあるプロジェクトは，すべての国民にとっての健康管理への投資にかかわるものである．米国は，ほとんどの先進諸国とは異なって国民すべての健康を守るための国の制度を持っていない．その代わりにアメリカ国民は，いろいろな健康保険制度の寄せ集めに依存している．第2次世界大戦以来，ほとんどの雇用者は，主として雇用主によって支弁される民間の健康保険制度によって守られてきた．これらの制度は，生産物を生産し販売する企業のコストを著しく増加させるに至っている．米国の3大自動車メーカーにとって，生産された自動車1台当たりの，雇用者と退職者（その健康管理費用もまた負担される）のための健康管理コストは，使用される鋼材のコストよりも大きいといわれている．この事実によっても，とくに一般的に自由な国際競争を余儀なくされている今日のような時代において，米国の雇用主がコスト競争の点で外国の生産者に比べ大変不利な立場に置かれていることは明らかである．

65歳以上の他のすべての退職労働者は，政府の老齢者医療保険制度によって守られている．その働き手が雇用者健康保険制度によって守られていない家計やある一定期間失業状態にある労働者にとって，健康管理の保険適用を受けうるようになる唯一の方法は，1カ月当たりの保険料が1,000ドル以上もする民間の健康保険に加入することである．統計上，数百万のアメリカ人がなんらの健康保険の適用も受けておらず，したがって予防薬をもらいに病院に行くこともないとされている．この状態は，極端な場合，健康が著しく悪化して初めて無保険の治療を求めるという結果をもたらす．そして，その治療費を支払うのに病院や地域社会の温情にすがらなければならなくなる．

健康管理サーヴィスの利用できることが，経済システムに加わり活躍する上で差し迫った優先事項であることは，明らかなはずである．すぐれた健康

は寿命を延ばす．英国保健省の上級戦略顧問であり，西イングランドにおける国民保険サーヴィスの開発局長でもあるスティーヴン・P. ダン（Stephen P. Dunn）は，次のように述べている．「避けられる病気の撲滅や健康な平均寿命の延長は，経済成長を加速するであろう．……幼児死亡や慢性的身体障害による平均寿命の短縮が社会に与える経済的損失は年間数千億ドルに達する．」[3]

　文明社会が決定すべき重要な問題は，健康管理が地域社会のすべての住民にとっての基本的権利であるのかどうかである．もしすべての人が国の生産的活動に効果的に貢献しようとしており，そしてこの貢献がよくなされるべきであるのならば，個人とその家族は，医学の実践と技術的進歩が可能にする程度に健康でなければならない．もし文明社会が，すべての国民に，できるだけ最善の生産物を生産するために自らの才能を使用できる働き口を見つけ出すという基本的権利を認めているのならば，間違いなく，地域社会全体によって支弁されている健康管理サーヴィスを受けうることもまた社会の構成員すべてにとっての基本的権利であると主張できよう．より健康な労働者はつねにより生産的な労働者である．英国がその国民健康保険計画を制定する前に亡くなったケインズは，社会のすべての構成員が自らの所得に関係なく健康管理サーヴィスを受ける権利を与えられるべきかどうかの問題に対して安易な解決策を示してはいない．しかし確かに，家計の所得とは関係なくどこでも健康管理サーヴィスを受けうるようにすることは，社会が引き受けるべき生産的投資のひとつであることを示すいくつかの証拠がある．

　要するに，政府は，民間部門がよい結果をおさめるのを促すような多くの投資プロジェクトに資金供給することができるのである．問題は，資金の不足にあるのではなく，決意の不足にある．

　わたくしは，政府の規制当局者が，公開された金融市場のよく組織化され秩序立っていることを社会の構成員に保証する上で，演じるべき重要な役割を持っていることを明らかにすることができたと思っている．この保証行為は，自分の退職後の生活向けに流動性のある購買力を十分に蓄えておくため

のみならず，現役として所得を稼いでいる期間中のなんらかの将来の（予期されているか，あるいは予期されていない）支出の必要性を満たすために，自らの貯蓄を投資しておくべき金融資産を探し求めている家計を守ることになるであろう．

　ケインズ・ソリューションを実行に移すことは容易なことではないであろう．しかしながら，その解決策は，近年推進されてきた効率的市場理論，すなわち，グローバル経済を破滅の寸前にまで追い込んだ哲学よりも，安定的な繁栄する経済システムへのよりいっそうの希望を与えてくれるものである．

# 第10章

## ジョン・メイナード・ケインズ
### 簡潔な伝記

　ケインズは，ケンブリッジ大学学寮の学監で経済学を教えていたジョン・ネヴィル・ケインズ（John Neville Keynes）とフローレンス・エイダ・ケインズ（Florence Ada Keynes）との間の3人の子供の長男として，1883年6月5日に生まれた．ケインズの家庭は，英国ケンブリッジのハーヴェイロード6番地に住み，中流の暮らし向きだが手堅く安楽な生活を送っていた．かれらの家には，使用人がたくさんいた．その家庭は，平和，繁栄および進歩が常態であると想定するヴィクトリア時代の価値観を具現化していた．

　ケインズが成長していく過程で，かれの家庭を訪ねてきた人びとの中には，バートランド・ラッセル（Bertrand Russell），ルートヴィヒ・ヴィトゲンシュタイン（Ludwig Wittgenstein）およびアルフレッド・マーシャル（Alfred Marshall）を含む，当時の最も著名な経済学者や哲学者がいた．ケインズの幼年期および青年期に，ハーヴェイロード6番地で行なわれていたに違いない学問的議論が，かれの精神の発達に強い影響を与えたことは確かである．

　ケインズは，14歳であった1897年に，間違いなく英国での名門校とされるイートン校への奨学金を獲得した．ケインズは，数学，古典および歴史を得意とする優秀な生徒であった．1902年にケインズは，ケンブリッジ大学のキングズ・カレッジの学部生となった．かれはそこで，ケインズやかれと同世代の知識人にとっての「モダニズムの宣言書」となった，『倫理学原理』(1903) の著者で哲学者の，G.E. ムーア（G.E. Moore）から影響を受けた．ケンブリッジでは，リットン・ストレイチー（Lytton Strachey）やレナー

ド・ウルフ（Leonard Woolf）を含む親友たちが，ヴァージニア・ウルフ（Virginia Woolf），ヴァネッサ・ベル（Vanessa Bell）およびダンカン・グラント（Duncan Grant）のような，芸術家や知識人からなる，のちにブルームズベリー・グループ（Bloomsbury Group）と呼ばれるメンバーに加わった．

ケインズが1906年のケンブリッジ卒業と同時に受けた公務員試験の成績は2番であった．ケインズは，ストレイチーに宛てた1906年10月4日付手紙の中で次のように書いている．この試験では「本当の知識は，成功のためには全くの障害であるようだ．私が確実な知識を持っているわずか2つの科目——数学と経済学——で，私は最低の成績を取った．……経済学の成績順位は低く，それは8位か9位だった——私はどちらの科目の試験についても，出題内容の**すべて**を実に精密に知っていたのだが[1]」．ケインズは後になって，自分の経済学の成績の悪かったことを次のように説明している．「私は明らかに経済学については試験官たちよりもよく知っていた」[2]．

ケインズは，公務員試験での自分の順位から，ロンドンにおけるインド省での書記のポストに就くことが認められた．ケインズは，そこで働いた短い期間に，国の役所とはどのように機能するものであるかを学び，インド問題，とくにインドの通貨制度への興味を募らせることとなった．この経験は，かれのその後の専門家としての研究や経済における貨幣の役割に関する本格的な経済理論の展開に甚大な影響を与えた．

ケインズは，インド省に勤務していたときの余暇の時間を利用して，かつてケンブリッジのフェローシップ申請論文で論じた主題である確率論に取り組んだ．かれは，以後ほとんど15年にわたりこの主題に自分の余暇を費やし続けることになった．かれは，1921年についに，『確率論』を刊行した．かれは，確率に関する自分の考え方により，のちに不確実性の概念に対する自分の理論的アプローチを，今日の効率的市場理論の唱道者の理論のみならずかれと同時代の他の指導的な古典派経済学者の理論の一部分をなしている確率的リスクから区別することが可能になったのである．

ケインズは，25歳の誕生日に，ケンブリッジ大学特別講師の職に就くべ

第10章 ジョン・メイナード・ケインズ：簡潔な伝記

くインド省を辞した．この講師の職は，ケンブリッジの経済学の教授として，マーシャルの後を継いだ A.C. ピグー（A.C. Pigou）による個人的資金援助を受けたポストであった．第１次世界大戦前の数年間，ケインズはケンブリッジにおいて，貨幣，信用および物価といった題目について講義を行なった．

第１次世界大戦の勃発とともに，ケインズは，ケンブリッジ出身の多くの平和主義者の友達とは違って，戦争遂行に協力することが自分の義務であると考えた．『エコノミック・ジャーナル』誌1914年9月号において，編集者のケインズは，「戦争と金融システム，1914年8月」と題する達識の論文を発表した．この論文は英国政府内でかなり評判になり，ケインズは，1915年1月になって初めて，ロイド・ジョージ（Lloyd George）蔵相の特別顧問であったジョージ・ペイシュ（George Paish）卿の助言者に任命され，行政府での職を得ることができた．1915年5月の内閣の改造でレジナルド・マッケナ（Reginald Mckenna）が大蔵大臣になり，ケインズは，主に戦争の金融的側面に携わる部署である，大蔵省第１課に配属された．

ケインズは，第１次世界大戦中の大蔵省での仕事から，もし為替レートに影響を与えたければ期待をコントロールする必要があることを学んだ．ケインズは，第２次世界大戦の勃発に当たり，第１次大戦中の大蔵省での自分の経験について書いたとき，安定した為替レートを維持することの重要性を指摘している．この初期の経験は，第２次世界大戦後の国際決済制度と安定した為替レートの必要性についてのケインズのヴィジョンに強い影響を与えることとなった．

ロイ・ハロッド（Roy Harrod）は，そのケインズの伝記の中で，ある面白い出来事について書いている．それは，なぜケインズが，第１次世界大戦中の自分の経験から，金融市場における資産の市場価格評価が薄弱な根拠に基づいてなされていることを認識するようになったかを明らかにしている．あの大戦中，英国はスペインから戦争に関連する輸入品を購入するために，スペイン通貨ペセタを緊急に必要としていた．ケインズは大変苦労して少額のペセタをなんとか入手することに成功し，正式にこのことを大蔵次官に報告

したところ，ほっとした次官はとにかくしばらくの間ペセタの蓄えができてよかったと述べた．ところがケインズは「とんでもない」と声を上げた．「なんだって」と驚いたかれの上司が叫んだ．ケインズの答えは「わたくしはそれを再び売り払いました．市場でペセタを急落させるつもりです」というものであった．そしてケインズは実際にそれを成し遂げたのであった．第1次世界大戦のほとんどの期間中における，大蔵省でのケインズの主たる任務は，大英帝国が必要とした多くの軍需用および民需用の輸入品購入のための外部資金の調達面での危機をなんとか乗り切ることであった．この経験は，第2次世界大戦中，かれが英国代表団を率いて，戦後の国際決済制度を創設するためのブレトン・ウッズ会議に出席したとき，大いにかれの役に立つこととなった．

　1916年1月に，英国政府は徴兵制を導入した．ブルームズベリーのケインズの友達のほとんどは，良心的兵役拒否者となった．ケインズは，英国がすでに戦争に巻き込まれているのだから，恐るべき流血がけっして二度と起こることのないように，新しいより良い原理の上に国際関係を構築するために働くことが絶対必要であると主張した．ケインズは，永続的な平和と新しい形の国際関係を確保するために，大蔵省の自分のオフィスでできることはなんでもすべきであると信じた．

　ケインズは，第1次世界大戦を終わらせたヴェルサイユ条約会議への英国政府団の一員として，敗戦国ドイツに過酷な経済的制裁金を課した条約の1項にすっかり落胆してしまった．1918年11月の停戦協定には，ドイツ人に，英国とフランスの一般市民とその財産に加えられた「すべての危害」の償いをするよう要求する，英国とフランスによって挿入された一条項が含まれていた．不幸なことに，その課せられた戦後賠償金の金額は，ケインズが認識していたように，ドイツ経済を破滅させるほどの大きさであった．ケインズは，同盟国が要求した賠償金の額がドイツ経済にとって耐えがたいものであると信じた．

　ヴェルサイユ条約が調印されたのち，ケインズは大蔵省の職を辞した．か

## 第10章 ジョン・メイナード・ケインズ:簡潔な伝記

れは首相に次のような書簡を送った.「私は,〔土曜日に〕私が悪夢の現場から抜け出して行こうとすることを,あなたにお知らせしなければなりません.私はもうこれ以上,ここで善きことを為すことができません.私は,この切迫した最後の数週間においても,あなたが,条約を公正かつ時宜にかなった文書とするための道を見つけられるであろうことを期待し続けて参りました.しかし,いまやもう明らかに遅すぎます.この戦いは敗北です」[3].

1919年の夏から初秋に至る期間に,ケインズは,ヴェルサイユ平和条約を生み出した過程について自身が感じた幻滅を説明するために『平和の経済的帰結』を著わした.1919年12月に刊行されたこの本の中で,ケインズは,戦勝同盟諸国の指導者たちがドイツに強く要求した条件を非難している.

この本は,賠償金問題の説明ではあったが,ヴェルサイユ会議のたんなる技術的な経過報告書として書かれたものではなかった.もうひとりのケインズの伝記作家である,スキデルスキー卿は,この本について次のように書いている.

> その記述は憤慨しており,冷笑的で,そしてケインズにあってはまれなことなのだが,激情的だ——失策と虚言に対するかれの告発や,道徳的義憤が,これほど大きな音で,はっきりと打ち鳴らされることは二度となかった.……その成果は,20世紀の文学の中でも他に類を見ない個性的な主張に結実した.ケインズは,経済学者が王子になるべきだと主張していた.そのほかの規範は,すべて破綻していた.新しい高度な技術水準と結合した,経済学者の福祉の理想のみが,混沌と狂気と退行とに対抗する最後の防壁だった[4].

1920年の8月には,英国とアメリカで10万部以上の『平和の経済的帰結』が売れており,その本はドイツ語,オランダ語,フラマン語,デンマーク語,スウェーデン語,イタリア語,スペイン語,ルーマニア語,ロシア語,日本語および中国語に翻訳された.この本が大量に売れたことで,ケインズ

は世界中の大衆から注目を浴び，経済システムを創造力のある芸術家たちにとっての安息の地とすることに自分の創造的能力を注ぐことができることを悟った．ケインズはこの機会をとらえ，自分自身の考えに一般の人びとが注目してくれるよう求めるとともに経済科学が将来を形作ることができるとの主張を展開した．

　1922年から1936年までの間，英国の失業率が10%以下になったのはわずかに一度，1927年だけであった．しかもその年の失業率は，9.7%であった．英国におけるこのような長期的失業の悩みは，文明社会を推し進めるすべての希望を打ち砕くかのように思われた．1920年代の英国経済の経験は，ケインズに，正統的な古典派理論が文明化された資本主義システムを作り出すための指針を提供することのできないことを明らかにした．ほとんど14年もの間，失業率が10%近くないしそれを上回る水準に張り付いていたため，自由市場は完全雇用を保証するという古典派理論の主張が実際的経験の世界には当てはまらないことは，明らかであった．ケインズのような創造的能力の持ち主には，広範囲に及ぶ失業を永続させうる経済システムについての理解を提供する新しい経済理論が必要であることは，明白となった．この新しい理論を知的に適用することは，人類をもう一度，より文明化された社会への道に向かわせることになるであろう．この新しい経済理論を作り出す道筋は長く困難なものであった．ケインズがその革命的な考えを展開するのに10年以上を要することになったからである．

　第1次世界大戦後，ケインズはケンブリッジ大学での教職に復帰した．しかしながらケインズは，象牙の塔にこもる学究肌の経済学者ではなかった．ケインズは，教職のほかにキングズ・カレッジの会計責任者として，カレッジの巨額の有価証券投資を含む重要な投資の意思決定を行なった．かれはまた，いくつかの保険・投資会社の役員を務め，そうすることで金融市場参加者の行動についての生の知識を得ることができた．さらに，かれの大蔵省での勤務のみならずインド省での公務員としての経験から，理論的な処方箋を政治的に受け入れられ実行可能な計画に変える必要性を明確に理解すること

ができた．ケインズは，紛れもなく徹底した現実世界の経済学者であった．

ケインズは，1925年8月4日に，有名なロシア人バレリーナのリディア・ロポコヴァ（Lydia Lopokova）と結婚した．かれらには子供はいなかった．

ケインズはしばしば，当時の経済問題に関して新聞に引用されたが，第2次世界大戦の勃発時までは英国政府内でのポストに就くことはなかった．そして勃発時には正式の職位ではなくひとつのオフィスを与えられ，そこではかれは，どのような経済問題に頭を突っ込んでもよく，どのような政府の高官に助言を与えるのも自由であった．1942年に，ケインズは男爵に任命され，英国議会上院に出席・傍聴することのできる身分となった．1944年にケインズは，第2次世界大戦後の国際決済システムを作り上げるために開かれたブレトン・ウッズ会議への英国派遣団の首席代表に任命された．

ケインズは，1946年4月21日，62歳でその生涯を閉じた．

## 補論

## なぜケインズの考えがアメリカの大学で教えられることがなかったのか

　かつてある賢人は「古典」を,「すべての人が引用するものの誰も読み解いていない本」と定義したことがある．そこからすると，ケインズの1936年の著書『雇用・利子および貨幣の一般理論』は，経済学の教科書ライターや教授にとって，間違いなく古典である．

　第2次世界大戦後の数十年間，経済学者たちは，経済理論や経済政策におけるケインズ革命について語った．しかしながら，自らをケインズ革命の熱烈な支持者と名乗ったこれらの経済学者が論じたことは，貨幣を使用する市場志向の資本主義経済の運行についてのケインズの分析とはなんの関係もないものであった．この補論で明らかにするように，現代の最も権威ある大学の経済学の教授やベストセラーとなった「ケインジアン」の教科書の著者たちのだれひとりも，ケインズの分析的枠組みを理解していなかったのである．

　このケインズとなんの関係もない分析を「ケインジアン」として押し通す，見え透いたごまかしは，1970年代まで続いた．そしてこのとき，石油輸出国機構（OPEC）の生産した石油の価格急騰に誘発されたインフレの問題が明らかにしたのは，ケインズの商品インフレーションや所得インフレーションについてなんらの知識も持っていなかった当時の著名なケインジアンたちが，そのインフレと戦うための適切な政策を提供することができなかったということである．自由市場の唱道者たちは，これらのケインジアンが格好の攻撃目標であることに気付き，かれらのケインジアンの政策論議と認められていたものを論破してしまった．学界において，自由市場論者の勝利はあま

りにも完璧であったので，学生たちは，古典派の効率的市場理論家たちが，資本主義経済の欠陥やこれらの欠陥を克服するうえで政府が積極的な役割を演じる必要がある旨のケインズの批判を，永久に葬り去ったと信じるよう教育された．

1970年代における古典派理論の明らかな復活と神格化は，実際はすでに死滅していた理論の蘇生というわけではなかった．経済学界の主流派のリーダーや有力な学者たちは，ケインズの分析を理解していなかった．ケインズがその革命的な貨幣理論を発表したのとほとんど同時に，それは2つの理由から流産させられてしまった．第1に，主流派の経済学の教授たちは，失業についてのケインズの説明が，失業問題を流動性に対する欲求と金融市場の働きという文脈の中に置く分析というよりはむしろ賃金・物価の硬直性を必要としていると信じたことである．第2に，第2次世界大戦直後の数年間米国内にはびこっていた反共主義の風潮（マッカーシズム）が，ケインズの真のメッセージのどのような形での教育をも妨げたことである．

## ケインズの著書が経済学の古典である理由

ケインズの分析が，主流派の経済学者たちの現実世界を説明するための理論を打ち立てる方法を変革することに最終的には失敗したとしても，かれは驚かなかったであろう．ケンブリッジの経済学者である，オースティン・ロビンソン（Austin Robinson）は，1971年4月22日の英国学士院での自らの院長就任講演の中で，ケインズの『一般理論』の未発表の初期の草稿を引用して，ケインズは次のように書いていると述べている．「『経済学においては，あなたは，自分の反対者を間違っていると**決めつける**ことはできません．あなたはただ，かれにその誤りを**悟らせる**ことができるだけです．そしてたとえあなたが正しくても，……もしかれの頭がすでに反対の意見で満たされていて，あなたがかれに投げかけているあなたの考えを理解することができない状態にあるのならば，……あなたはかれにその誤りを悟らせることさえで

きません』」[1].

　ケインズと同じ世代の経済理論家たちのみならず，この補論で明らかにしているように，ノーベル賞受賞者のミルトン・フリードマンやポール・サムエルソンのような第2次世界大戦後のケインズより若い経済学者たちも，かれらの頭の中が反対の古典派理論の見解で満たされていたため，ケインズがすべての聴き手に投げかけていた考えを理解することができなかったのである．

　ケインズの伝記作家であるスキデルスキー卿は，「第2次世界大戦後の主流派の経済学者たちは，ケインズの理論を，賃金が『粘着的』［すなわち，ゆっくりとしか変化しないか，あるいは硬直的］であるような状況に当てはまる，古典派理論の『特殊ケース』とみなした．そのためかれの理論は，政策への妥当性を保持することは認められたものの，その理論的辛辣さを奪われてしまった」[2]と述べている．

　もしケインズがたんに失業が物価と賃金の硬直性の結果であると主張しているだけであったならば，かれは貨幣を使用する資本主義経済の主たる経済問題，すなわち永続的な完全雇用の状態を作り出すことができないという問題についての，革命的な理論的分析を提供していなかったことになる．19世紀の経済学者たちはすでに，自由に変動する賃金・物価の存在しないこと（現代の主流派の経済学者が供給面の不完全性と呼んでいるもの）が失業の唯一の原因であると論じていたからである．

　ケインズは，『一般理論』の第19章において，自らの失業の理論が賃金あるいは物価の硬直性の仮定に依存していないと，わざわざ述べている．かれの主張は，自らの理論が失業の原因を金融市場の働きや公衆の流動資産保有欲に関係付けている点で，古典派理論とは異なった分析を提供しているということであった．しかしながら，第2次世界大戦後，大学で経済学を学ぶ学生たちは，ケインズ革命が非自発的失業の存在を説明するために粘着的な賃金ないし物価の仮定を必要とすると教えられたのである．教授たちが『一般理論』を古典であると信じていたことは明らかである．というのも，かれら

はその本をケインズの分析の代表作として言及しはするものの，どうやらその第19章を読み解いてはいないらしいからである．

著名な経済学者がケインズの本を読んでいないか，あるいは理解していないという事実は，次のような出来事から明らかである．1972年にわたくしと他の何人かの経済学者がフリードマンと専門学術誌上で討論を行ない，その内容は，『ジャーナル・オブ・ポリティカル・エコノミー』誌に掲載された．（1974年に，この討論は『フリードマンの貨幣理論：その展開と論争』と題する書物として再発行された．）その討論の中で，わたくしはフリードマンに対し，『一般理論』第19章の257ページで，ケインズがわざわざ自らの分析が貨幣賃金ないし物価のどのような硬直性にも依存していないと述べていることを指摘した．『フリードマンの貨幣理論』の148ページから149ページに掲載されたフリードマンの応答は，「デヴィッドソンがあげている4つの章は，……若干の間違った考えも含んでいるが……多くの正しい興味深い，また貴重な考えを含んでいる．……しかしこれらの4つの章は，すべて，『一般理論』の主要な貢献にとっては，まさしく末梢的なものである」[3]というものであった．その上，フリードマンは，その本の44ページで，なんらの引用箇所も示すことなく，「ケインズの硬直的価格の仮定は，……まったく経済理論になんの根拠ももっていない『救いの神（*dues ex machina*）』〔戯曲などの困難な場面で突然現れて不自然で強引な解決をもたらす人物・事件〕である」[4]と主張した．フリードマンは，ケインズがけっして行なってもいない想定を行なっていると非難することによって，自らとその弟子たちが，ケインズを，なんらの裏付けも持たない理論を展開しているものとして却下することを可能にしたのである．

終戦直後の時期に，教授たちの中には，失業均衡の追加的原因として，利子率の粘着性ないし固定性の存在を付け加えることによって，賃金・物価の硬直性の議論に梃入れをしようとする者もいた．この固定された利子率の議論は，「流動性のわな」と呼ばれた．この流動性のわなは，ある低いプラスの利子率のもとで貨幣保有需要が無限大になると想定され，だれも自己のポ

ートフォリオにどのような債務証券をも付け加えたいとは思わないような状況で起こるといわれている．したがって，流動性のわな論者によれば，利子率がこれ以上低下できず，金融政策は，経済を拡大して完全雇用という結果を達成するのに必要な投資支出の増加をこれ以上誘発することができないということになる．しかしながら，第2次世界大戦後の計量経済学的研究は，歴史的データの中に，流動性のわなの存在を示すなんらの証拠も見出すことができないでいる．

しかしながら，もし主流派の経済学者たちが『一般理論』を読み解いていたならば，かれらは，202ページに，貨幣需要がなんらかのプラスの利子率のもとで無限大になるはずはないとケインズによって明記されていることを知っていたはずである．さらに，ケインズは歴史的データを吟味して，207ページで，流動性選好関数が「実質的に水平」になった歴史的事例を知らないと述べるに至っている．要するに，ケインズは，理論的および実証的双方の見地から，すでに流動性のわなの存在を否定していたのである．この流動性のわなという考え方は，ケインジアンを自称している人たちによってしばしば公の議論の中で披露されているが，ケインズの議論とはなんの関係もないものである．

これらの実例から，ほとんどの戦後の経済学者たちがケインズの本を全く読んでいなかったか全く理解していなかったかのどちらかであることは，明らかなはずである．事実，ほとんどの権威ある大学において，経済学部の学生は，『一般理論』があいまいで混乱した書物であり，したがって読んだり理解したりする必要がないと教えられてきているのである．例えば，ニュー・ケインジアンの経済学者を自任し，ジョージ・W．ブッシュ大統領の経済諮問委員会の前委員長であったマンキュー・ハーバード大学教授は，「『一般理論』はあいまいな本である．……それは時代遅れの本である．……われわれは，経済がどのように動くのかを理解するに当たり，ケインズがいた立場よりもはるかに有利な立場にある．……マクロ経済学者の中で，[ケインズのように]古典派経済学を批判的にみる者はほとんどいない．……古典派

経済学は長期においては正しい．そのうえ今日の経済学者は長期均衡により興味を持っている．……古典派経済学は広く受容されて［いる］[5]．

著名な教授がそのような発言をすれば，経済学を学ぶ学生たちがケインズの「あいまいな」メッセージを読んだり理解しようとしたりしないことは明らかである．それよりもむしろ，これらの学生たちは，「ケインジアン」の議論がつまるところ，世界で目撃される失業の根本的な原因は主として供給面の不完全性，とりわけ，「福祉」国家が最低賃金を法制化したり，労働組合の結成を奨励したり，「過大な」失業給付を支給したりした，過去半世紀の労働市場における貨幣賃金の硬直性によるとの古典派理論の考えに要約されると教えられたのである．

その結果，政府の政策立案者の顧問となっている著名な経済学部の卒業生たちが，今日のグローバル経済において先進諸国を苦しめている永続的に高い水準の失業と戦おうとするならば，労働市場は「自由化」されなければならないと提案しているのは，驚くには及ばないであろう．労働市場は完全に規制撤廃されなければならず，失業が労働者にとって大きな災難となることを妨げている社会的安全網は，完全に取り除くとは言わないまでも，縮小されなければならないとされることになる．

もし労働市場の「自由化」が理論的な極限状態にまで推し進められるならば，安全な職場であることの最低限必要な条件や年少者労働の禁止に関する政府の規則などは存在しないことになるであろう．したがって，中国の労働市場は他の国々が見習うべき理想ということになる．西欧諸国がそのような理想的な労働市場を持つためには，その労働市場の状態が低開発諸国のそれに匹敵するようになるまで，社会的安全網を取り除く必要があるであろう．

## 「ケインズ主義」がアメリカの教科書に入り込んだ経緯

失業の説明は流動資産を価値の貯蔵手段として用いたいという人びとの欲求の中に求められるとするケインズの主張がなぜ経済分析の基礎になる機会

を逸したのかを説明するために，第2次世界大戦後の教科書をつうじてケインズ主義を普及させようとしたサムエルソンのケースにまず焦点を当てることとしたい．

20世紀後半の時期に経済学を学んだほとんどの学生は，サムエルソンを，ケインズおよびその革命的な一般理論分析の信奉者とみなした．通常サムエルソンは，古典派経済理論こそがケインズの経済分析の基礎であると信じたことから自ら新古典派総合ケインズ主義と名付けた，アメリカのケインズ主義学派の創設者と考えられている．

サムエルソンの博士論文はウェルズ賞（ハーバードで経済学の分野における最も優れた博士論文に毎年授与される賞）を獲得し，1947年に『経済分析の基礎』の書名で刊行された．この本の中で，サムエルソンは，20世紀初期の（当時しばしば「新古典派理論」と呼ばれた）古典派理論の基礎を，厳密な数式に置き換えて明快に説明した．したがって，サムエルソンが1940年代に，博士論文で提示した新古典派理論をかれ流のケインズ主義の基礎として用いたのは，驚くべきことではない．ただ不幸なことに，かれの新古典派総合ケインズ主義は，『雇用・利子および貨幣の一般理論』でケインズによって展開された理論的枠組みとは論理的に相容れないものである．すでに第4章で指摘したように，サムエルソンは，1969年に至ってもなお，もし経済学が真の「科学」であるべきならば，エルゴード性の公理は必須の要素であると主張していたのである．この主張だけでも，アメリカのケインズ主義学派の創設者がケインズ革命の本質を理解していなかったことを想起させるのに十分であるはずである．というのも，ケインズが自分の理論を構築するに当たり放棄した古典派の基本的公理のひとつがエルゴード性の公理であったからである．

さらに，なぜサムエルソンのケインズ主義がケインズの分析の本質を体現するものでないのか，およびなぜ1940年代ないし50年代の学界のだれもサムエルソンに異議申し立てをしなかったのかを説明する重要な追加的証拠がある．

デイヴィッド・コランダー（David Colander）とハリー・ランドレス（Harry Landreth）は，1996年の素晴らしい共著『ケインズ主義のアメリカへの到来』の中で，第2次世界大戦直後の数年間においてアメリカの学界および政界を荒廃させた反共主義の精神（マッカーシズム）による破壊から，教育的基礎としてのケインズ革命に関する教科書を救い得たのは，サムエルソンのおかげであると述べている．

1930年代の初期にケンブリッジでケインズの講義に出席していたロリー・ターシス（Lorie Tarshis）は，1947年に，ケインズの『一般理論』の解釈に関する自分の講義メモを組み込んだ経済学の入門的教科書，『経済学入門』を刊行した．コランダーとランドレスは，このターシスの本が当初人気があったにもかかわらず，アメリカの単科・総合大学の理事たちやそれへの寄付者たちがその本を異端の経済学を説いているものであると攻撃するにつれて，その売れ行きは急速に落ち込んだと指摘している．ターシスの教科書をめぐる狂乱は，ウィリアム・F.バックリー（William F. Buckley）が，1951年の自身の本，『イェールにおける神と人』の中で，共産主義者にそそのかされてイェールで用いられているターシスの教科書を攻撃するのにその丸々1章を割いた時，最高潮に達した．

コランダーとランドレスは，1986年8月のインタビューの中で，サムエルソンに，どのようにして経済学者になり，「ケインジアン」になったかを尋ねている．サムエルソンは，かれが「ターシスへの攻撃に潜む激しい悪意」を感じ取っていたので，自分の教科書，『経済学』は「注意深く法律家のようなやり方で」書いたし，ターシスの教科書が攻撃されたとき，自分の分析を新古典派総合ケインズ主義と呼び始めたと，答えている．サムエルソン流のケインジアンの経済学が伝統的な古典派経済理論の想定と総合され（そしてそれに基づか）なければならないという，かれの主張と信念は，かれ流のケインズ主義を，大学の経済学の教科に異端の経済学を持ち込んだという非難にさらされにくくしたように思われる．というのも，サムエルソンは，かれ流のケインズ主義の基礎が，物価と賃金が伸縮的であるかぎり自由

市場は完全雇用を保証すると主張する正統派の新古典派理論であると，述べていたからである．したがって，失業の原因は，賃金の硬直性ないし固定性であるとされた．そしてこの貨幣賃金の硬直性はつねに，労働組合や，最低賃金を設定している政府のせいにすることができたのである．

　サムエルソンのケインズ主義はまた，かれがケインズの論点のすべてをとらえていると主張するいくつかの簡単な数式で表わされた．このように数学的に展開されたことに加えて新古典派理論との総合であると主張されたことにより，教科書に現れたサムエルソン流のケインズ主義を政治的な動機をもつものとして攻撃することがますます困難になった．したがって，第2次世界大戦後教育を受けた数世代の経済学者にとって，サムエルソンの名前はケインジアンの理論と同義であった．いくつもの版を重ねたサムエルソンの教科書は，ほとんど半世紀の間ベストセラーであった．最終的には古い新古典派総合ケインズ主義と決別し，自分たち独自の型の「ニュー・ケインズ主義」を展開したより若い経済学者たちでさえ，自らの分析アプローチを，サムエルソンの『経済分析の基礎』とその古典派経済学の公理的基礎に基づかせていたのである．

　歴史的見地からすると，サムエルソンは，ただケインズの革命的分析のあまり公理的基礎にとらわれない性質を無視したことによって，教育的基礎としてのケインズ革命に関する教科書を，マッカーシズムによる破壊から救ったといえるのかもしれない．しかし問題は残っている．それは，サムエルソンが本当にケインズの分析を理解し，たんに自分の書物を政治的攻撃から守るために新古典派の分析枠組みを用いたのであろうか，である．

　サムエルソンは，1986年の自らのインタビューにおいて，第2次世界大戦前の時期には，「わたくしの経済学者でなかった友人たちは，わたくしを非常に保守的な人物とみなしていた」と述べている．サムエルソンは，1935年6月に，シカゴ大学を卒業した．もしかれが，卒業と同時に，ハーバード大学に行くこととなった社会科学研究協議会の奨学金を授与されなかったならば，大学院生としての研究をシカゴ大学で行なっていただろうし，おそら

くフリードマンと同級生になっていたことであろう．ハーバードでサムエルソンは，1936年に出版されたケインズの『一般理論』についてのどのような情報に触れることになったのだろうか．

カナダ人の，ロバート・ブライス（Robert Bryce）は，1932年の秋から1935年の春までの間，ケンブリッジでのケインズの講義に出席していた．ブライスは，1987年のコランダーとランドレスとのインタビューの中で，1935年の春に，それぞれの週の半分を，ロンドン・スクール・オブ・エコノミックス（LSE）で，残る半分をケンブリッジ大学で過ごしたと述べている．ブライスは，LSEで，ケインズの革命的な考えについての小論を書くのに，……『一般理論』さえ読むことなく……ケインズの講義中に取ったノートを用いた．ブライスの小論は，世界的に有名な古典派の理論家，フリードリヒ・ハイエク（Frederick Hayek）に深い感銘を与えたので，ハイエクはブライスに，自分のLSEでの4連続週にわたる講義時間を使って，ケインズの考えを，小論に書いていた通りに説明するよう促した．ブライスのLSEでの発表は大成功であった．

1935年の秋に，ブライスはハーバードに行き，そこに2年間滞在した．1936年の冬に始まったことであるが，ある非公式なグループがケインズの本を議論するために夕刻集まった．その席上，ブライスは，依然として『一般理論』を読んではいなかったものの，LSEでの発表のもととなった，例の『一般理論』以前に書いた同じ小論を用いて，自分がケインズの分析と信じるものを紹介した．ブライスは，ケインズ理論とはなにかを説明する小論を書いたとき，またLSEとハーバードでそれに関する発表を行なったとき，まだ『一般理論』を読んではいなかったものの，1936年の時点で，ブライスの小論は，おそらくサムエルソンを含むハーバードのほとんどの経済学者が，ケインズの分析であると考えていたものの基礎となった．1987年においてさえ，ブライスは，「あの本を研究する者はだれでも非常に混乱した状態に陥りそうだ．それは，……難しく挑発的な本であった」と述べている．

そこで直ちに起こる疑問は次のようなものである．いったいブライスは，

本当にケインズの分析的枠組みの基礎を理解していたのか，そしてもしかれが理解していなかったとしたら，そのことが，1936年にケインズの分析的枠組みについて学んでいるハーバードの若いサムエルソンやその他の学生にどのような影響を与えたのか，である．LSEとハーバードでのブライスの発表は，ケインズの考えをわかりやすいものにした——ブライスはケインズが自身の『一般理論』という書物の中では行なっていないと信じたことであるが——と考えられたのである．

　サムエルソンはコランダーとランドレスに，かれがケインズの『一般理論』についての知識を初めて得たのはブライスからであったと語っている．より重要なことは，1936年に『一般理論』を読んだ後でさえ，サムエルソンは，その分析が「好みに合わず」理解できないものであることに気付いたと述べていることである．サムエルソンは，コランダーとランドレスとのインタビューの中で，「最後にわたくしが納得したやり方は，ただそのことについて［ケインズの分析を理解することについて］くよくよ悩まないことでした．わたくしが自分に問いかけたのは，なぜ自分は，1933年から1937年までの上向きのルーズヴェルト景気を理解するのを可能にしてくれる理論枠組みを拒否するのか，でした．……わたくしは，ワルラスに代わるケインズの分析を有効なものにするのに十分な程度の相対価格・賃金の硬直性があると想定することに満足しました」[6]と言っている．言い換えれば，**サムエルソンは，自分がケインズの分析を理解していなかったことを認めている．それどころか，かれは，ケインズが，賃金と物価の硬直性が失業の原因であるような，伝統的な古典派の一般均衡理論モデルを呈示していると思い込んでいたのである．**

　このサムエルソンの言葉からの直接の引用によって，かれの心がすでに反対の古典派理論の見解で満たされていたので，かれは，古典派の3つの公理を取り除くことに基づいているケインズの一般理論の分析的基礎を理解しようとするどのような努力もしなかったことが明らかになるはずである．ケインズの『一般理論』が刊行されて50年経過後の1986年に，サムエルソンは依然として，「われわれ［ケインジアン］はケインズの不完全雇用均衡が管

理価格と不完全競争という基礎の上に成り立っているとつねに想定している」と主張していた．そもそもこの賃金・物価の硬直性の必要であることがケインズの著作の中で明確な形で述べられているのかどうかに関して，コランダーとランドレスに問い詰められたときの，サムエルソンの返答は，「その必要はなかった」というものであった．しかしながら，もし粘着的な賃金と物価が失業を引き起こすのならば，ケインズの分析になんら革命的なものはないことになる．なにしろ，19世紀の経済学者たちはすでに，もし賃金がワルラス的な古典派理論のモデルにおいて硬直的であるならば，結果として失業が生じることを論証していたからである．

　サムエルソンが，ケインズの実際の分析枠組みの理解についてくよくよ悩まないことに決めてケインジアンになったのと同じ時期に，ターシスは，ハーバードからわずか30分しか離れていないタフツ大学での働き口を得ていた．ターシスはしばしば，ケインズを論じていたブライスを含むハーバードのグループと会っていた．ターシスは，コランダーとランドレスとのインタビューの中で，「ポール・サムエルソンはケインジアンのグループには入っていなかった．かれは，自分自身の課題に取り組んでいて忙しくしていた．かれがケインジアンになったというのは，おかしな話だ」と述べている．

　しかしサムエルソンは自らをケインジアンと呼んでおり，かれの有名な教科書のいくつかの版では，自らを「ポスト・ケインジアン」とさえ呼んでいる．にもかかわらず，当時第一級のアメリカ人のケインジアンとなったサムエルソンが，本人の認めるところにより，ケインズの『一般理論』という書物を理解していなかったことは明らかなはずである．

　サムエルソンが第2次世界大戦後の全世界の経済学界において支配的な存在になったため，かれの新古典派理論は，経済学の教授や学生がケインズの理論であると信じたものの基礎となったといえる．したがって，ケインズの『一般理論』での革命的な分析は，けっして主流派の経済学の一部として採用されることはなかった．その結果，1970年代の純理論的な文献において，マネタリスト学派のリーダーであったシカゴ大学のフリードマンのような典

型的な古典派経済学者は,サムエルソンの新古典派的基礎とかれの「ケインジアンの」経済政策処方箋との間に論理的矛盾のあることを理由に,サムエルソンの「ケインズ主義」を容易に論破することができたのである.

このように古典派理論がサムエルソン流のケインズ主義に打ち勝ったことは,失業を防ぎ経済発展を増進し政府の社会保障システムに必要な資金源を確保するための,政治家やその経済顧問によって社会的に受け入れられると考えられる経済政策を,国内・国際分野で選択するに当たり,ケインズの『一般理論』と矛盾のない政策処方箋から,19世紀および20世紀初期の思想を支配していた古典派理論によって唱道された昔から続いている自由放任の自由市場政策へと,転換させることとなった.フリードマンの古典派理論が勝利を収める前は,戦後の政府は,リベラルであれ保守派であれ,(その政治顧問となったケインジアンの教授やその教え子たちがケインズの実際の分析についてほとんど知識を持っていなかったとはいえ)1930年代と40年代にケインズが提唱していた類の経済政策を積極的に追求していたのである.

1980年代に,「ニュー・ケインジアンの理論」と呼ばれる新しい型のケインズ主義が展開され,サムエルソンの新古典派的ケインズ主義に取って代わった.ちょうどフリードマンの議論がサムエルソン流のケインズ主義を,その論理的矛盾に付け入ることによって打ち負かしたように,1980年代版の古典派理論は——ノーベル賞受賞者のルーカスの合理的期待仮説に基づく,新しい古典派理論と呼ばれたが——失業を説明するのに依然として賃金や物価の硬直性に依存していたニュー・ケインジアンのアプローチの無意味なことを示した.

合理的期待は,論理的基礎としてエルゴード性の公理を必要とし,したがって,自由市場のもとでは,人間の行動や政府の施策によっては変えられない,長期の完全雇用という経済的将来がすでに存在すると想定している.したがって,新しい古典派たちは,われわれの経済問題が,主として労働と生産物の市場における競争に政府が介入することによる短期の供給面の問題と結びついていると,論じることができた.もし市場が政府の介入から解放さ

れうるならば,経済は短期においてさえ,完全雇用の繁栄を達成できることを,新しい古典派の理論家たちは論証しうると考えたのである.かりにもこれらの政府の規制が取り除かれないならば,古典派理論の正しい結論が実証されるまでには,先に挙げた引用文の中でマンキューが指摘しているように,長期を要するかもしれない.古典派が新古典派総合ケインズ主義とニュー・ケインジアンの双方に対し勝利を収めた結果,政策立案者たちは,「もしわれわれが余計な干渉をせず現状をそのままにしておく限り,すべてが起こりうる世事の中での最善のものになる」という誤った信念のもとに,すべての市場を自由化する政策を採用するようになった.

21世紀に入って,ケインズの分析の志を受け継ぎ,経済的にグローバル化した今日の現実世界のためにかれの理論と政策処方箋を展開し続けているのは,わずかにポスト・ケインズ派の経済学者だけである.

## 古典派理論からケインズに改宗したもうひとりのノーベル賞受賞者

ジョン・ヒックス卿（Sir John Hicks）は,1939年に,ケインズの分析を理解しようとして,次のように記している.「わたくしは好運にも,〔ひとつの〕分析方法に思い当たることができた…….〔ワルラスの〕一般均衡の方法は,……経済体系全体を展示することを特別に目的としていたのである.……〔この方法により〕われわれは,ケインズ氏が,……従前の経済学者と違った結論に達するのはまさに何故であるかを知りうるであろう」[7].ヒックスは,この一般均衡の方法をかれの有名なISLMモデルの展開に用いたが,そのモデルはサムエルソンのものよりもわずかにより数学的であり,ケインズの分析的アプローチを説明しているとかれが主張するものであった.サムエルソンの教科書と比べて多少ともよりすぐれたものにしたい多くの教科書執筆者は,このヒックスのモデルを採用した.

1971年に,わたくしは,あるケインズ経済学の基礎に関する6日間の会議で,ヒックスに会った.その会議でのわたくしの発表は,貨幣表示の契約,

金融市場の存在および流動性需要がそれぞれ重要であることを強調したものであった．会議の終わりの討論のときに，わたくしは，古典派の「一般均衡モデルが，貨幣やインフレや失業といった興味深い経済問題を解くよう予定されていないし解くこともできない．……もしわれわれ［経済学者］が，ケインズの……経済分析を，本来両立し得ない一般均衡［古典派理論］の基礎と調和させるべきだと主張するならば，われわれはマクロ経済学においてどのような進歩をも成し遂げることはできないであろう．われわれはまた，マクロの政治・経済問題に対する，ケインズ以前の悲惨な解決策へ後戻りすることになるであろう」[8]ということを強調した．会議の終わりごろに，ヒックスは，経済学に対する自分のアプローチの基礎は，他のだれよりもわたくしのそれに近いと告げてきた．（ついでながらこの会議には，のちにノーベル賞を受賞することになる，チャリング・クープマンズ（Tjalling Koopmans）やジョセフ・スティグリッツ（Joseph Stiglitz）が参加していた．）

その後数年の間に，ヒックスとわたくしは，数回にわたり英国で個人的に会い，ケインズの一般理論の基礎に関するわれわれの議論を続けてきた．1970年代の半ばごろ，ヒックスは，自分のモデルがケインズの「安直な要約版（Potted Version）」にすぎないことを進んで認める心境になっていた．1979年には，かれは，経済学が歴史的時間と深くかかわっており，過去に妥当した関係が将来も妥当するとは想定できないと主張しつつあった．『ジャーナル・オブ・ポスト・ケインジアン・エコノミックス』誌上の「ISLM：ひとつの説明」と題する論文において，ヒックスは，教科書が採択していたケインズについての自分の数学的モデルを公然と非難している．ヒックスはこのモデルについて，「時がたつにつれて，わたくしはそれに不満を覚えるようになった」と書き，この定式化が，ケインズの一般理論アプローチを少しも説明していないことを認めている[9]．

ついにヒックスは，合理的期待の誤りについてのわたくしの論文[10]を読んだ後，1983年2月12日付のわたくし宛手紙の中で次のように書いてきた．「わたくしはちょうどあなたの合理的期待の論文を読んでいたところです．

……わたくしにはそれが非常に気に入っています．……あなたは今まさに，わたくしの疑問を**解消**してくれましたし，わたくしが自分自身の考えを**非エルゴード的**と名づけるべきであったことも教えてくれました．ある論点を力説するためには，そのためのしかるべき呼称が必要になるものです」[11]．

このようにして，一般均衡理論を活用したことでかつてノーベル賞を受賞したヒックスが，ケインズの理論枠組みについてのかれの有名な定式化を放棄し，資本主義経済の運行についての非エルゴード的な考えを受け入れたのである．残念ながら，ヒックスは，この手紙を書いて間もなく亡くなり，かれの改宗は，経済学界になんの影響も与えなかった．

## 1973年のインフレーション：新古典派総合の命取りとなった原因

1973年にOPECのカルテルが原油価格の大幅な引き上げを強行することができたとき，インフレが米国やその他の石油消費国においてにわかに加速し始めた．新古典派総合ケインズ主義者たちは，インフレについてのケインズの著述を知らず，したがって問題の解決方法に関して即座の理論的回答を持ち合わせていなかった．それよりも，かれらは自らを「ハードな科学者」とみなしていたため，1970年代のインフレ問題を説明し解決するために過去の経済データの統計的分析に注意を向けるに至った．

サムエルソンとかれの新古典派総合ケインズ主義者の同僚で（ノーベル賞受賞者でも）あるロバート・ソロー（Robert Solow）は，失業率が低下したとき，貨幣賃金率やインフレ率が上昇したという歴史的な統計上の関係を一般に普及させるのに特に重要な役割を果たした．サムエルソンとソローは，歴史的データが，「3％の失業率は年率約4.5％の物価上昇を伴っているとみなされる……のに対して，物価の安定は約5.5％の失業率を伴うように見受けられる」[12]という，米国にとって経験的なトレードオフの関係のあることを示していると書いた．

サムエルソンとソローにとって，1970年代の価格インフレに対する政策

補論　なぜケインズの考えがアメリカの大学で教えられることがなかったのか　189

的解決は，失業のどのような増加もつねにインフレ率を引き下げるであろうという，この簡単な実証的分析の中に包摂されていたのである．かれらは，政府がインフレを引き下げるコストとしてどれだけの失業が許容されるかを決定することができると主張した．インフレを抑制するために政府がもっぱら行なうべきことは，失業率を，物価の安定が達成されるはずの約 5.5％ まで引き上げる政策をとることであった．

　サムエルソンやソローにとって不運なことに，過去の統計的分析が将来に対する確かな道しるべとはならなかった．例えば，1973 年と 74 年の間で，米国の物価水準は 12％ 上昇したが，一方失業率は 5％ から 9％ に上昇した．サムエルソン‐ソローの予測に反して，失業率が上昇したにもかかわらず，インフレ率も高まったのである．マスメディアは，米国が「スタグフレーション」——経済の停滞と失業の増加——に苦しんでいると報じた．明らかに，サムエルソン‐ソローのインフレ解決策はうまくいかず，新古典派総合ケインズ主義者の分析は，経済学者の間で評判を落とすこととなった．

　同時に，古典派の理論家であるフリードマンは，かれが「自然失業率」と呼ぶ議論を考え出した．かれは，失業率の変化とインフレ率の変化との間にはなんらの長期的な関係もないことを論証するために実証分析を用いた．例えば，フリードマンは，より高い失業率を受け入れても，より低いインフレ率を生み出すことにはならないであろうと論じた．むしろ，事態の解決を自由な市場に任せるならば，競争がインフレの勢いを止めるであろうと主張した．新古典派のケインズ主義者たちは，物価が 1970 年代を通じて上昇し続けたにもかかわらず，この自由市場論に対してなんらの対案も用意していなかった．その結果,「ケインズ主義」は，主流派の経済学者や政治家の経済顧問によって放棄されてしまった．ケインズの考えをけっして反映していなかった，サムエルソン流のケインズ主義は，死んでしまったのである．

## 1970年代のインフレ経験に対するケインズの説明

　ケインズの商品および所得インフレーションの概念と貨幣表示の契約の重要性を用いて，1970年代に起こったインフレを説明することは容易である．OPECがそのメンバーによる生産を制限することによって石油価格の高騰を仕組んだとき，その結果は，石油という商品インフレーションであり，それが速やかに全世界に広がり，すべての財およびサーヴィスの輸送コストの大幅な上昇をもたらした．この商品インフレーションは，ただちに消費者物価指数で測ったインフレ率を高めたのである．
　当時，米国の大量生産産業において，産業労働組合は，ほとんどの雇用主との労働協約に生計費調整（COLA）条項を盛り込んでいた．これらのCOLA条項は，インフレの度合いを示す政府指数が上昇するときはいつでも，ただちに同等のパーセントの貨幣賃金率の引き上げ額が，労働協約の適用されるすべての労働者に支払われるべきであると規定していた．その結果，石油価格の商品インフレーションがインフレ率の上昇を引き起こすや否や，COLA条項は，もともとの石油価格高騰のほかに，労務費としての所得増をインフレに上乗せするため，所得インフレーションを引き起こすこととなった．失業が増加しても，COLA条項はいっそうのインフレを誘発し続けたが，これは，COLA条項が存在していなかったか，あるいはあまり重要ではなかった長い歴史的期間に基づいて行なわれた，サムエルソン－ソローの分析とは矛盾する事実であった．もしサムエルソンとソローが，エルゴード性の公理のケインズによる否定を理解していたならば，かれらは，労働協約におけるCOLA条項によって経済環境が変わってしまった結果，過去の統計的分析が将来を予測するための確かな基礎ではなくなったことを認識していたことであろう．

## 結論

　サムエルソンは，経済学の教科書にある「ケインジアン」という言葉が，当時のマッカーシーによる反共産主義運動によって完全に抹殺されるのを，防いだといえる．しかしながら，このように防ぐことができたことの代償は，主流派経済理論にとってのケインズ理論の意義を，その『一般理論』の本質的分析から切り離してしまったことであった．ケインズの革命は，貨幣を使用する，市場志向の資本主義経済においては，貨幣賃金や物価の固定性および流動性のわなを含む，供給面の市場の不完全性が，大量の長期的失業の存在するための必要条件ではないことを論証した．さらにケインズは，われわれの経済システムにおいては，伸縮的な賃金や物価が，長期においても完全雇用を保証するための十分条件ではないことも明らかにしたのである．

　ケインズ主義についてのサムエルソンの考えは，ケインズの革命的分析が主流派の経済学からその古典派理論の公理的基礎を取り除くのを，妨げる結果となった．経済学における数学が人気を博すようになったのと同じ時に現れた新古典派総合ケインズ主義は，ケインズの革命的な理論を流産させた二重の打撃を加えることとなった．21世紀の初頭における主流派の経済学者にとって経済学の一般常識として通用しているのは，19世紀の古典派のワルラス的一般均衡理論の，ハイテクを駆使し数学的により高度にした改良版以上のなにものでもないのである．

　サムエルソンは，共産主義の影響を受けたものと疑われたケインズ経済学がわれわれの大学で教えられるのを阻止しようとした勢力との戦いには勝ったが，ケインズが雇用，利子および貨幣に関する現実世界の経済問題の基礎原理としての古典派の理論的分析を排除すべく仕掛けた戦いに，最終的には敗れたのである．ターシスが1986年に，次のように記したとき，この事実を承知していたと思われる．「わたくしは，ケインズがかれの書いたものについての完全な支持と完全な理解のもとに信奉されているとはけっして感じ

なかった．わたくしは，今なおそのように感じている」[13]．

　今日，主流派の経済学は，——それが，旧い新古典派的ケインジアン，ニュー・ケインジアン，旧い古典派ないし新しい古典派の理論，アロー＝デブリュー＝ワルラス流の経済学，ポスト・ワルラス派の理論，行動経済学など，どのような名称で知られていようと，——ケインズが経済学を現実世界の雇用，国際貿易および国際金融の問題に適応したものにしようと試みた際に放棄した古典派の公理に，なおも依拠している．その結果，これらの問題がなお，21世紀のグローバル化された経済の現実の大部分を苦しめている．

　わたくしは，本書が，経済学者や政治家の経済顧問たちにケインズの経済思想を再検討するよう促すことになるのを希望している．ケインズの経済思想が，繁栄し文明化された資本主義経済を生み出せる最大の希望であり続けることを願っている．

# 注

#### 第1章
1) J.M. Keynes, *The General Theory of Employment, Interest and Money* (London: Macmillan, 1936), 380. (J.M. ケインズ著, 塩野谷祐一訳『雇用・利子および貨幣の一般理論』ケインズ全集第7巻, 東洋経済新報社, 1983年, 382-3ページ)
2) I. Adelman, "Long Term Economic Development," Working Paper No. 589, California Agricultural Experiment Station, Berkeley, March 1991, p. 2.

#### 第2章
1) わたくしは,「借金をする」と言わずに, 近年一般的になったうまい婉曲語句である,「レバレッジを効かせる」という用語を用いていることに留意されたい.
2) 1929年当時のこれら借入資本によって投機を行なった投資家は, ある意味で, 世界中の金融市場で多額の借金を背負い込んでいる, 近年のヘッジファンドに相当するものであった.
3) 両者を比較して指摘できることは, 21世紀の最初の数年間には, 金持ちのみが出資できるこれらの怪しげな投資媒体である, 規制されていないヘッジファンドは, バランスシート上の負債対資本の比率を, しばしば19対1の割合ないしそれ以上の割合になるほどに借入をしていたということである. 2008年の金融市場における価格暴落の理由のひとつにしばしば挙げられるのは, 多くのヘッジファンドが, 有価証券購入資金に使った借入金債務を返済することが困難になったということであった. このヘッジファンド問題は, 株式価格がだしぬけに下落し始めた1929年に信用買いをしていた小口の投資家たちが直面した問題と類似している.
4) H. Hoover, *The Memoirs of Herbert Hoover: The Great Depression, 1929-1941* (New York: Macmillan, 1952), 257.
5) D. Moggridge, ed., *The Collected Writings of John Maynard Keynes*, vol. 13 (London: Macmillan, 1973), 492-93.
6) J.M. Keynes, *A Tract on Monetary Reform* (1923), reprinted as *The Collected Writings of John Maynard Keynes*, vol. 4 (London: Macmillan, 1971), 65. (J.M. ケインズ著, 中内恒夫訳『貨幣改革論』ケインズ全集第4巻, 東洋経済新報社, 1978年, 66ページ)
7) 残念なことに, 1930年代においては, 公式の失業率は, 公共事業促進局やその他の政府直轄事業で政府によって雇用されている労働者を失業者として数に入れていた. 民間部門で職を得ている労働者のみが雇用者とみなされたのである. したがって, 非公式の失業率では, ルーズヴェルトの「勤労福祉制度 (workfare)」事業で

常勤の働き口を得ている人たちを確実に失業者とみなすことのないようにしている．
8) J.M. Keynes, *The General Theory of Employment, Interest and Money* (London: Macmillan, 1936), 9. (同訳書, 9-10 ページ)

## 第3章

1) L.H. Summers and V.P. Summers, "When Financial Markets Work Too Well: A Cautious Case for a Securities Transactions Tax," *Journal of Financial Services* 3 (1989): 166.
2) Jerome Ravitz, "Faith and Reason in the Mathematics of the Credit Crunch," *Oxford Magazine*, Spring 2008.
3) R.E. Lucas, "Tobin and Monetarism: A Review Article," *Journal of Economic Literature* 19 (1981): 563.
4) Peter Taylor and David Shipley, "Probably Wrong—Misapplications of Probability and Statistics in Real Life Uncertainty" (2009).
5) *Ibid*.

## 第4章

1) J.M. Keynes, *The General Theory of Employment, Interest and Money* (London: Macmillan, 1936), 16. (同訳書, 17 ページ)
2) R. Skidelsky, *John Maynard Keynes: The Economist as Saviour, 1920-1937* (London: Macmillan, 1992), 223.
3) 古典派の理論家たちは，どのような個人もその所得から1ドルを貯蓄するときはいつでも，他方で負の貯蓄をする（すなわち，自分の所得より1ドル多く支出する）ために同時にその1ドルを借りようとする他の個人がいると想定することによって，この貯蓄が不景気をもたらす効果を明確に理解するのを避けている．

## 第5章

1) O. Blanchard, "Why Does Money Affect Output?" in *Handbook of Monetary Economics*, vol. 2, ed. B.M. Friedman and F.H. Hahn (New York: North Holland, 1990), 828.
2) J.M. Keynes, "A Monetary Theory of Production"(1933), reprinted in *The Collected Writings of John Maynard Keynes*, vol. 13, ed. D. Moggridge (London: Macmillan, 1973), 408-9.
3) J.K. Galbraith, "On Post Keynesian Economics," *Journal of Post Keynesian Economics* 1 (1978): 8-9.
4) H. Hoover, *The Memoirs of Herbert Hoover: The Great Depression, 1929-1941* (New York: Macmillan, 1952), 30.

## 第6章

1) 以下で展開される議論の初めの版は，*Challenge* 51, no. 3 (May-June 2008) の 43-56 ページに掲載された．2008 年の論文の版権は M.E. Sharpe 社によって保有されている．その許可を得て再掲したもの．無断転載を禁じられているが，引用の場合はその限りではない．
2) もし古典派の効率的市場理論が合理的期待の想定によって補強されるのならば，長期についての期待は，短期の市場価格が，基礎的諸要因によって決定されるそれらの長期の価格から大きく外れないことを保証することになる．
3) 2001 年 10 月 18 日付『ウォールストリート・ジャーナル』A1.
4) レポ (*repos*) というのは，買い（ないし売り）戻しの条件 (*repurchase agreements*) の略で，ある金融資産——財務省証券である場合が多いが——を売却し将来買い戻すという契約のことである．契約満了日に，資産の売り手は，売却した時と同じ価格で買い戻し，この間の資金の使用に対し利息を支払うことになる．法律上は一対の連続した売却行為ではあるが，事実上，レポとは，担保付き短期低利融資のことである．
5) わたくしは，「どのようにして米国の混乱した住宅事情を解決し，景気後退を避けるべきか：HOLC と RTC の再生 (How to Solve the U.S. Housing Mess and Avoid a Recession: A Revised HOLC and RTC)」と題するわたくしの論文 (Policy Note, Schwartz Center for Economic Policy Analysis, The New School, January 2008) の中で，サブプライムローン問題から始まった金融市場危機を解決するのに役立つ，新たに再生された整理信託公社 (Resolution Trust Corporation) の必要性を強調した．
6) 投資銀行家は通常，その日の競争入札が始まる前に，顧客に対し，その競争入札での予想される落札価格の範囲を暗に示す「価格協議」を実施する．この範囲は，発行者の格付，当該発行証券ないし類似の証券の直近の清算価格，および一般的なマクロ経済の状態を含む，多くの要因に基づいている．
7) J. Anderson and V. Bajaj, "New Trouble in Auction Rate Securities," *New York Times*, February 15, 2008, D4.

## 第7章

1) J.M. Keynes, "National Self-Sufficiency" (1933), reprinted in *The Collected Writings of John Maynard Keynes*, vol. 21, ed. D. Moggridge (London: Macmillan, 1982), 238.
2) これは，輸送コストの高さが，単位当たりの労働コストの低さを完全には相殺しないと想定している．

## 第8章

1) J.M. Keynes, *Post-War Currency Policy* (1941), reprinted in *The Collected*

*Writings of John Maynard Keynes*, vol. 25, ed. D. Moggridge (London: Macmillan, 1980), 27.（「戦後の通貨政策」J.M. ケインズ著，村野孝訳『戦後世界の形成――1940～44年の諸活動：清算同盟』ケインズ全集第25巻，東洋経済新報社，1992年，所収，31-2ページ．訳者の判断で，引用訳文の一部を訂正させて頂きました）
2) *Ibid*. 21-22.（同訳書，25ページ）
3) P. Davidson, *Post Keynesian Macroeconomic Theory: A Foundation for Successful Economic Policies in the 21st Century* (Cheltenham, UK: Elgar, 1994)．（P. デヴィッドソン著，渡辺良夫・小山庄三訳『ポスト・ケインズ派のマクロ経済学――21世紀の経済政策の基礎を求めて』多賀出版，1997年）

### 第9章

1) J.M. Keynes, *The General Theory of Employment, Interest and Money* (London: Macmillan, 1936), 378.（同訳書，380-1ページ）
2) *Ibid*., 131.（同訳書，129ページ）
3) S.P. Dunn, *The Uncertain Foundations of Post Keynesian Economics* (London: Routledge, 2008), 187.

### 第10章

1) R. Skidelsky, *John Maynard Keynes: Hopes Betrayed, 1883-1920* (London: Macmillan, 1983), 175.（ロバート・スキデルスキー著，宮崎義一監訳，古屋隆訳『ジョン・メイナード・ケインズ　裏切られた期待：1883-1920年 I』東洋経済新報社，1987年，287ページ）
2) R.F. Harrod, *The Life of John Maynard Keynes* (London: Macmillan, 1951), 203.（R.F. ハロッド著，塩野谷九十九訳『ケインズ伝〔改訂版〕上巻』東洋経済新報社，昭和42年，143ページ）
3) R. Skidelsky, *John Maynard Keynes: Hopes Betrayed*, 374-75.（ロバート・スキデルスキー著，宮崎義一監訳，古屋隆訳『ジョン・メイナード・ケインズ　裏切られた期待：1883-1920年 II』東洋経済新報社，1992年，609ページ．訳者の判断で，引用訳文の一部を訂正させて頂きました）
4) *Ibid*., 384.（同訳書，626-7ページ）

### 補論

1) J.M. Keynes, *The General Theory and After, Part I Preparation,* reprinted *in The Collected Writings of John Maynard Keynes*, vol. 13, ed. D. Moggridge (London: Macmillan, 1973), 470.
2) R. Skidelsky, *John Maynard Keynes: The Economist as Saviour, 1920-1937* (London: Macmillan, 1992), 512.

3) R.J. Gordon (ed.) *Milton Friedman's Monetary Framework: A Debate with His Critics*, Chicago: University of Chicago Press, 148-9. (R.J. ゴードン編, 加藤寛孝訳『フリードマンの貨幣理論：その展開と論争』マグロウヒル好学社, 1978年, 217ページ)
4) *Ibid.*, 44. (同訳書, 64ページ)
5) N.G. Mankiw, "The Reincarnation of Keynesian Economics," *European Economic Record* 36 (1992): 561.
6) D. Colander and H. Landreth, *The Coming of Keynesianism to America* (Cheltenham, UK: Elgar, 1996), 159-60.
7) J.R. Hicks, *Value and Capital*, 2nd ed. (Oxford: Oxford University Press, 1946), 1-4. (J.R. ヒックス著, 安井琢磨・熊谷尚夫訳『価値と資本I：経済理論の若干の基本原理に関する研究』岩波書店, 1951年, 1-7ページ)
8) G.C. ハーコート編 *The Microfoundations of Macroeconomics* での, デヴィッドソンの議論を見よ. 不幸なことに, マクロ経済学の進歩に関するわたくしの予想は事実となった.
9) J.R. Hicks, "ISLM: An Explanation," *Journal of Post Keynesian Economics* 3 (1980-81): 139.
10) P. Davidson, "Rational Expectations: A Fallacious Foundation for Studying Crucial Decision-Making Processes," *Journal of Post Keynesian Economics* 5 (1982-83): 182-97.
11) この手紙は, デューク大学図書館内の経済学者の書簡と著作保管庫に預けられている, わたくしの書簡集の中に見ることができる.
12) P.A. Samuelson and R.M. Solow, "Analytical Aspects of Anti-Inflation Policy," *American Economic Review Papers and Proceedings* 50 (1960): 192-93.
13) Colander and Landreth, *The Coming of Keynesianism to America*, 72.

# 参考文献

Adelman, I. (1991) "Long Term Economic Development," Working Paper No. 589, California Agricultural Experiment Station, Berkeley (March).

Anderson, J. and Bajaj, V. (2008) "New Trouble in Auction Rate Securities," *New York Times*, February 15.

Arrow, K.J. and Hahn, F.H. (1971) *General Competitive Equilibrium*. San Francisco: Holden-Day.

Berle, A.A. and Means, G.C. (1932) *The Modern Corporation and Private Property*. New York: Commerce Clearing House. (A.A. バーリー & G.C. ミーンズ著, 北島忠雄訳, 明治大学経済学研究会企画・翻訳；春日井薫ほか責任監修『近代株式会社と私有財産』文雅堂書店, 1958 年)

Bernstein, P.L. (1996) *Against the Gods*. New York: John Wiley & Sons. (ピーター・L. バーンスタイン著, 青山護訳『リスク：神々への反逆』日本経済新聞社, 1998 年)

Blanchard, O. (1990) "Why Does Money Affect Output?" in *Handbook of Monetary Economics*, vol. 2, ed. B.M. Friedman and F.H. Hahn. New York: North Holland.

Buckley, W.F. (1951) *God and Man at Yale*. Chicago: Henry Regnery.

Colander, D.C. and Landreth, H. (1996) *The Coming of Keynesianism to America*. Cheltenham, UK: Elgar.

Davidson, P. (1977) "Discussion of the Paper by Professor Leijonhufvud," in *The Microfoundations of Macroeconomics*, ed. G.C. Harcourt. London: Macmillan.

Davidson, P. (1982-83) "Rational Expectations: A Fallacious Foundation for Studying Crucial Decision-Making Processes," *Journal of Post Keynesian Economics* 5.

Davidson, P. (1994) *Post Keynesian Macroeconomic Theory: A Foundation for Successful Economic Policies in the 21st Century*. Cheltenham, UK: Elgar. (P. デヴィッドソン著, 渡辺良夫・小山庄三訳『ポスト・ケインズ派のマクロ経済学──21 世紀の経済政策の基礎を求めて』多賀出版, 1997 年)

Davidson, P. (2002) *Financial Markets, Money and the Real World*. Cheltenham, UK: Elgar.

Davidson, P. (2008) "How to Solve the U.S. Housing Mess and Avoid a Recession: A Revived HOLC and RTC,"Policy Note, Schwartz Center for Economic Policy Analysis, The New School (January).

Davidson, P. (2008) "Securitization, Liquidity and Market Failure," *Challenge* 51, no. 3 (May-June).

Dunn, S.P. (2008) *The Uncertain Foundations of Post Keynsian Economics*. London: Routledge.

Friedman, M. (1974) "Comments on the Critics," in *Milton Friedman's Monetary Framework: A Debate with His Critics*, ed. R.J. Gordon. Chicago: University of Chicago Press. (ミルトン・フリードマン著「批判にこたえる」ロバート・J. ゴードン編, 加藤寛孝訳『フリードマンの貨幣理論：その展開と論争』マグロウヒル好学社, 1978 年, 所収)

Friedman, M. (1998) "Markets to the Rescue," *Wall Street Journal*, October 12.

Galbaith, J.K. (1957) *The Affluent Society*. New York: Houghton Mifflin. (ジョン・K. ガルブレイス著, 鈴木哲太郎訳『ゆたかな社会』岩波書店, 2006 年)

Galbraith, J.K. (1978) "On Post Keynesian Economics," *Journal of Post Keynesian Economics* 1.

Harrod, R.F. (1951) *The Life of John Maynard Keynes*. London: Macmillan. (R.F. ハロッド著, 塩野谷九十九訳『ケインズ伝〔改訳版〕』全 2 冊, 東洋経済新報社, 1967 年)

Hicks, J.R. (1937) "Mr. Keynes and the Classics: A Suggested Interpretation," *Econometrica* 5.

Hicks, J.R. (1946) *Value and Capital*, 2nd ed. Oxford: Oxford University Press. (J.R. ヒックス著, 安井琢磨・熊谷尚夫訳『価値と資本 I & II：経済理論の若干の基本原理に関する研究』岩波書店, 1951 年)

Hicks, J.R. (1976) "Some Questions of Time in Economics," in *Evolution, Welfare and Time in Economics*, ed. A.M. Tang et al. Lexington, MA: Heath Books.

Hicks, J.R. (1979) *Causality in Economics*. New York: Basic Books.

Hicks, J.R. (1980-81) "ISLM: An Explanation," *Journal of Post Keynesian Economics* 3.

Hoover, H. (1952) *The Memoirs of Herbert Hoover: The Great Depression, 1929-1941*. New York: Macmillan.

Keynes, J.M. (1914) "War and the Financial System, August 1914," *Economic Journal*, 24, September, 460-86. Reprinted as *The Collected Writings of John Maynard Keynes*, vol. 11, ed. D. Moggridge. London: Macmillan, 1971, 238-71.

Keynes, J.M. (1919) *The Economic Consequences of the Peace*. Reprinted as *The Collected Writings of John Maynard Keynes*, vol. 2, ed. D. Moggridge. London: Macmillan, 1971. (J.M. ケインズ著, 早坂忠訳『平和の経済的帰結』ケインズ全集第 2 巻, 東洋経済新報社, 1977 年)

Keynes, J.M. (1923) *A Tract on Monetary Reform*. Reprinted as *The Collected Writings of John Maynard Keynes*, vol. 4, ed. D. Moggridge. London: Macmillan, 1971.（J.M. ケインズ著，中内恒夫訳『貨幣改革論』ケインズ全集第 4 巻，東洋経済新報社，1978 年）

Keynes, J.M. (1933) "National Self-Sufficiency."Reprinted in *The Collected Writings of John Maynard Keynes*, vol. 21, ed D.Moggridge. London: Macmillan, 1982.

Keynes, J.M. (1935) January 1, 1935, letter to George Bernard Shaw. Reprinted in *The Collected Writings of John Maynard Kynes*, vol. 13, ed. D. Moggridge. London: Macmillan, 1973.

Keynes, J.M. (1935) "A Monetary Theory of Production."Reprinted in *The Collected Writings of John Maynard Keynes*, vol. 13, ed. D. Moggridge. London: Macmillan, 1973.

Keynes, J.M. (1936) *The General Theory of Employment, Interest and Money*, German language ed. Berlin: Dunker and Humboldt.

Keynes, J.M. (1936) *The General Theory of Employment, Interest and Money*. Reprinted in *The Collected Writings of John Maynard Keynes*, vol. 7, ed. D. Moggridge. London: Macmillan, 1973.（J.M. ケインズ著，塩野谷裕一訳『雇用・利子および貨幣の一般理論』ケインズ全集第 7 巻，東洋経済新報社，1983 年）

Keynes, J.M. (1941) "Post-War Currency Policy." Reprinted in *The Collected Writings of John Maynard Keynes*, vol. 25, ed. D. Moggridge. London: Macmillan, 1980.（「戦後の通貨政策」J.M. ケインズ著，村野孝訳『戦後世界の形成——1940-44 年の諸活動：清算同盟』ケインズ全集第 25 巻，東洋経済新報社，1992 年，所収）

Lucas, R.E. (1977) "Understanding Business Cycles," in *Stabilization of the Domestic and International Economy*, ed. K. Brunner and A.H. Meltzer, *Carnegie Mellon Conference on Public Policy* 5.

Lucas, R.E. (1981) "Tobin and Monetarism: A Review Article," *Journal of Economic literature* 19.

Lucas, R.E. and Sergeant, T.J. (1981) *Rational Expectations of Econometric Practices*. Minneapolis: University of Minnesota Press.

Mankiw, N.G. (1992) "The Reincarnation of Keynesian Economics," *European Economic Record* 36.

Moore, G.E. (1903) *Principia Ethica*. Cambridge: Cambridge University Press.（G.E. ムア著，泉谷周三郎・寺中平治・星野勉訳『倫理学原理』三和書籍，2010 年）

Ricardo, D. (1817) *On the Principles of Political Economy and Taxation*. London: Macmillan.（デイヴィッド・リカードウ著，羽鳥卓也・吉沢芳樹訳『経済学および課税の原理』岩波書店，1987 年）

Samuelson, P.A. (1948) *Economics: An Introductory Analysis*. New York: McGraw-

Hill.（P.A. サムエルソン著，都留重人訳『経済学：入門的分析』岩波書店，1971年）

Samuelson, P.A.（1947）*Foundations of Economic Analysis*. Cambridge, MA: Harvard University Press.（P.A. サムエルソン著，佐藤隆三訳『経済分析の基礎』勁草書房，1986年）

Samuelson, P.A.（1969）"Classical and Neoclassical Theory," in *Monetary Theory*, ed. R.W. Clower. London: Penguin.

Samuelson, P.A. and Solow, R.M.（1960）"Analytical Aspects of Anti-Inflation Policy," *American Economic Review Papers and Proceedings* 50.

Skidelsky, R.（1983）*John Maynard Keynes: Hopes Betrayed, 1883-1920*. London: Macmillan.（ロバート・スキデルスキー著，宮崎義一監訳，古屋隆訳『ジョン・メイナード・ケインズ 裏切られた期待：1883-1920年』（2冊）東洋経済新報社，1987-92年）

Skidelsky, R.（1992）*John Maynard Keynes: The Economist as Saviour, 1920-1937*. London: Macmillan.

Skidelsky, R.（1996）*Keynes*. Oxford: Oxford University Press.（R. スキデルスキー著，浅野栄一訳『ケインズ』岩波書店，2009年）

Skidelsky, R.（2000）*John Maynard Keynes Fighting for Britain*. London: Macmillan.

Skidelsky, R.（2003）*John Maynard Keynes: Economist, Philosopher, Statesman, 1883-1946*. London: Macmillan.

Smith, A.（1776）*An Inquiry into the Wealth of Nations*. Reprinted as *An Inquiry into the Wealth of Nations*. New York: Modern Library, 1937.（アダム・スミス著，山岡洋一訳『国富論：国の豊かさの本質と原因についての研究』日本経済新聞出版社，2007年）

Summers, L.H. and Summers, V.P.（1989）"When Financial Markets Work Too Well: A Cautious Case for a Securities Transactions Tax," *Journal of Financial Services* 3.

Uchitelle, L.（2006）*The Disposable American: Layoffs and Their Consequences*. New York: Knopf.

Walras, L.（1874）*Elements of Pure Economics*. London: Allen and Unwin, 1954.（レオン・ワルラス著，久武雅夫訳『純粋経済学要論：社会的富の理論』岩波書店，1983年）

Weintraub, S.（1971）"An Incomes Policy to Stop Inflation," *Lloyds Bank Review*.

## 訳者解説・あとがき


　2007年8月,サブプライムローン市場の瓦解に端を発した金融不安は,短期間で収束するであろうという楽観的な見方が支配的であったにもかかわらず,2008年3月には全米第5位の投資銀行ベアー・スターンズが破綻する金融恐慌に発展した.今回の金融恐慌の主役は投資銀行などの「影の銀行システム」であり,銀行－証券分離規制が「1999年金融サービス現代化法」(G-L-B法)の成立で骨抜きにされることによって事実上撤廃され,金融機関は高額の手数料収入を狙う組成販売型ビジネス・モデルに転換するようになった.米国の住宅バブルの膨張・崩壊において,金融機関は本体だけでなく,むしろ規制がほとんどないSIVや投資ファンドなどをつうじて住宅ローンを証券化し,さらに債務担保証券(CDO)などのデリバティブに組み替えることによって信用を膨張させてきた.金融当局の規制監督が及ばないため,これら影の銀行システムは,事実上いくらでもレバレッジを効かせて信用を膨張させることできたからである.こうして2008年9月,金融恐慌はリーマン・ブラザーズの破綻でピークに達し,その後まもなくグローバル経済は第2次世界大戦後もっとも深刻な危機に陥った.
　こうしてグローバル不況が本格化するや否や,ポスト・ケインジアンを代表するP.デヴィッドソンは,本書『ケインズ・ソリューション―グローバル経済繁栄への途―』を緊急出版した.このコンパクトな書物は,ケインズ本来の考え方に従い,(1)米国のサブプライム住宅ローン問題が,なぜリーマン・ショックを介して,グローバルな金融・経済危機をもたらしたのかを解明し,(2)当面の金融・経済危機から回復するためにどのような緊急対策を取るべきか,(3)今後再びこのような金融・経済危機を引き起こさずにグローバルな経済繁栄を達成するためには,どのような構造改革を行なうべき

かについて論じ，ケインズ・ソリューション（ケインズ自身の解決策）こそがより適切なアプローチであることを可能なかぎり平易に説いたものである．

グローバル経済の現状は，ケインズが『一般理論』（以下ではGTと略記）を執筆していたときの状況にきわめて近いといえよう．市場経済が自己調節的であり，大規模な不均衡状態に陥っても自動的な復元力が働くと説いてきた主流派の理論的ならびに政策的な枠組みは，徹底的に再検討されるべき時である．現在ではケインズおよびポスト・ケインジアンの経済学に関する予備的知識を持ち合わせた読者も少ないであろうと予想されるので，まず本書の基本的内容を訳者たちの考えも加えて要約し，著者の説くケインズ・ソリューションを理解するための一助としたい．

(1) 金融危機発生のメカニズムについて．

2006年12月末現在の，米国金融機関の住宅ローン残高は9.7兆ドルで，そのうちの約15%が，いわゆるサブプライムローンといわれていた．1990年代前半までの時期なら，この15%が全額回収不能になったところで，かつてのS&L問題や日本のバブル崩壊後の金融機関問題と同じく，米国のいくつかの金融機関が倒産し整理され，たかだか預金者保護の問題が付け加わる程度の災難で終わったことであろう．それなのに今回はなぜ，世界中の投資家をも巻き込んだグローバルな金融・経済危機にまで発展したのであろうか．それは，この15年間に，金融のグローバル化 (globalization) と証券化 (securitization) という，2つの「……化」の進展に表わされる，経済環境の大きな変化があったためである．経済のグローバル化は，効率的市場理論を奉じるシカゴ学派の古典派経済学が，（真のケインズ主義とは異質で，適切なインフレ対策を提示できなかった）サムエルソンの新古典派総合ケインズ主義に取って代わり台頭してきた1970年代に，始まっている．かれらは，政府の介入のない自由な競争市場こそが最も効率的であると主張し，各国に対し貿易や直接投資などのあらゆる市場での規制の緩和・撤廃や自由化を要求し実現させてきた．後でも若干ふれるが，1970年代に，ブレトン・ウッズ体制の固定為替相場制を変動為替相場制に切り替えさせたのも，かれらで

あった．金融の分野でも，国内的には，大不況直後制定された，銀行と証券の分離を規定したグラス-スティーガル法のなし崩し的な撤廃が推し進められ，1999年には同法は完全に骨抜きにされた．（この年は，くしくもクリントン政権が米国をものづくり大国から金融覇権国家に転身させる決断をしたとみられる時期と一致している．）対外的には，米国金融機関の自由な活動を可能にするような各国金融市場の開放を実現してきた．その結果，米国金融機関が，自らの組成した優良・不良の住宅ローン債権等を束ねて担保とする証券を発行するビジネス（すなわち，金融の証券化）を大々的に行なうようになった．またエルゴード性の公理を前提としている金融工学の発展が，債務担保証券（CDO）やクレジット・デフォルト・スワップ（CDS）などの金融派生商品の開発をつうじて金融の証券化の一層の進展を後押ししたことも否めない．そのうえ格付会社は，担保に一部不良貸付債権を含む，この金融派生商品全体を優良と格付けしたため，投資家は安心してこの派生商品に投資した．自由貿易のもとで，オイルマネーなど特定の国々に偏った貿易上の黒字資金がそれらの派生商品への投資に向かった面もある．米国金融機関は，これら派生商品を内外の投資家に販売することによって，融資金を早期に回収しまた高収益を上げることができたのである．

　ところが2004年ごろになって米国で住宅ブームが終息し始め，住宅価格の上げ止まり，さらには下落さえ見るに及んで，もともとローン返済資力に乏しく，返済原資を主として住宅の値上がり益に期待していた住宅ローンや，借入当初1～2年は低い金利ながらその後急上昇するような返済条件となっている住宅ローンなどが，次第に債務不履行に陥り始めた．このように，金融派生商品を，担保として背後で支える原住宅ローンそのものの一部が回収不能に陥ったことにより，金融派生商品全体の資産価値の健全性が疑われる結果となり，すべての派生商品からの投資家離れが起こり，かつ加速した．しかしもともとこれらの派生商品には，信頼すべきマーケットメーカーの存在しない市場しか整えられていなかったため，投げ売り価格以外では容易に換金され得ず，金融派生商品の市場価値が暴落し，この商品を購入していた

全世界の投資家や，主に借入金で購入していたヘッジファンドをはじめ関係金融機関も，多額の損失を被り資金繰りも悪化することとなった．また，債務不履行保険ともいうべき CDS を大量に販売していた保険会社も，債務不履行の増加で予想外に多額の損失を被った．そしてこれらすべてが，グローバルな実体経済に深刻な打撃を与えるに至った．以上が，たんなる米国の金融機関の不良貸しが，グローバルな金融・経済危機をもたらすこととなったメカニズムである．

(2) 危機に対する緊急対応策について．

デヴィッドソンは，2008年1月という早い時期に提言した金融危機の影響を緩和するための方策が今でも有効であるとして，基本的に同じ提案を本書でも掲げている．それらは，次のとおりである．(a)ルーズヴェルト時代の住宅所有者資金貸付公社（HOLC）を復活させ，ローンの返済に窮し差し押さえに直面している債務者をリファイナンスによって救済し，また返済不能の住宅ローン債権を抱える銀行からそれらを買い取ることによって銀行を支援すること．(b)ジョージ・W.H. ブッシュ大統領時代の整理信託公社（RTC）を再生し，業績不振の金融機関その他の企業の抱えている有毒資産を買い取ることによってバランスシートを改善し企業の再建をはかるほか，再建の見込みの立たない企業の資産を処分して企業を解散させること．(c)大きすぎてつぶせない銀行には，連邦準備制度や財務省をつうじて十分な流動性を供給すること．(d)民間からの需要が不足して失業率が高止まりしている折から，国民の生産性を向上させるものならば，当面財政赤字を増やすことになっても財政支出を行ない需要喚起すべきこと（インフレの脅威には課税を活用した所得政策で対処），というものである．

現オバマ民主党政権は，おおむねこのケインズ的考えに基づいた緊急対策を取ってきたものと思われるが，2010年秋の中間選挙で大敗を喫したのは，経済の回復や失業の減少効果のはかばかしくなかったことが一因とされている．本書の内容に照らして，経済回復の遅れの理由を一言で述べるとすれば，政府のとってきた政策がかならずしも十分なものではなかったということで

ある．まず政府は，HOLCのような独立の政府機関を設立せず，既存の政府系住宅金融公社2社（ファニーメイおよびフレディマック）に買い取りを任せたこともあって，金融機関からの不良債権の切り離しが徹底されていないことである．例えば，上記2社は，銀行から買い取ったローンの中に銀行が借り手の年収などをよく審査しなかったものがあるとして銀行に買い戻すよう求めており，また証券化商品への投資で損失を被った民間の資産運用会社も銀行が同商品の裏付けとなる住宅ローンをきちんと審査していなかったとして補償を求め始めていると言われていた．これらにより銀行側には追加的な損失計上を迫られる可能性があり，銀行経営の不確実性が高まっているものと見受けられた．このため，銀行は経済回復のための積極的な融資活動に乗り出せず，このことが景気回復のはかばかしくない一因になったと考えられる．またRTCも復活されず連邦準備制度が代行する形となったが，機動性，企業の選別，融資規模などの点で適切であったかが疑われるところである．最後に将来の国民の生産性を高めうるような財政支出による需要喚起策として，インフラ，教育，新エネルギーなどの分野が計画されているものの，順調に進捗しているようには見えないことや，長年にわたる生産の外部委託により失業率が高止まりする構造になっていて下がりにくいことなども要因に指摘できよう．

　(3)　構造改革について．

　デヴィッドソンは，構造改革として，第1に21世紀版のグラス－スティーガル法の制定，第2に国際決済システムの改革を挙げている．まず第1の新法の眼目は，なんといっても銀行・証券全般にわたる規制の復活であるが，なかでも再び銀行と証券の業態の分離を厳格に行なうこと，非公開の市場で組成された資産（例えば，住宅ローンや商業銀行貸付など）のために公開の市場を創設することを禁ずること，すべての公開市場に十分に資力のあるマーケットメーカーの存在を義務づけることなどが，重視されよう．これにより銀行は，融資を行なう際に再び伝統的な3C（特性）の原則に則った行動をとるようになるであろうとされる．なお，この新法に関連する注目すべき

最近の動きとして，米議会が，2010年7月，金融規制改革法（ドッド＝フランク法）を成立させたことがあげられる．この法律は，金融危機が金融商品と資産に関する「インセンティブ（誘因）とモラルハザード（倫理の欠如）」を媒介にして起こるという認識のもとに，(a)「大きすぎてつぶせない」銀行を解散可能にする仕組みの導入，(b)銀行の規模と範囲の制限（伝統的商業銀行銀行への回帰），銀行の自己勘定取引禁止，自己資本・レバレッジ・流動性・リスク管理などの規制強化，報酬規制導入，(c)ヘッジファンド，格付機関への規制，(d)証券化に関する規制，重要な金融派生商品の集中清算と取引所取引の要求，(e)システミックリスクの監視制度確立，を規定しており，（その規制効果が法律の運用の仕方次第という面もあり）完全とはいえないものの，おおむね本書の提案に沿った制度改革となっていると言えよう．ただ，グローバル化時代の今日，米国の金融規制がグローバルな性格のものでなければその実効性に乏しいが，欧州での金融規制改革とは必ずしも平仄が合っていないよう見受けられる点問題なしとしない．

　第2の国際決済システムの改革についてであるが，デヴィッドソンは，完全雇用，経済成長と国際的価値基準の長期安定性を同時に推進しながら，他方で国際収支の不均衡も解決できるような決済システムを目指している．そもそもケインズは，自由貿易，変動為替相場制および国境をまたぐ自由な資本移動が，完全雇用や急速な経済成長とは両立しないことがあると主張しているが，現在はまさにそのような事態が生じているといえる．すなわち，現行の変動為替相場制下の国際決済システムのもとでは，永続的に黒字を出している国がその黒字を他国の生産物の購入に用いず貯蓄し，それを主として米国の国債や財務省証券などの金融資産の購入に充てている．一国内で貯蓄を増やし金融資産の購入を増やすことが失業増をもたらすことになるとのケインズの指摘した現象が，長年にわたり世界的規模で起こってきているわけである．そこで，黒字国にその黒字を他国の生産物の購入に使うよう促すことによって，グローバルに雇用を増やすシステムが必要となる．デヴィッドソンは，そのメカニズムの基礎となる仕組みとして，ケインズの考えに基づ

き，(a)会員制の複式簿記記帳を行なう外国為替取引の清算機関の創設と，国際通貨の国際的購買力を維持しながら流動性を創造し還流させるための合意されたいくつかのルール——①一国が過剰な準備資産を蓄えることによるグローバルな有効需要の不足を阻止，②黒字国に収支調整の責務を負わせる，③逃避資本の動きを監視，必要とあらば規制，④国際決済流動資産の量的拡大を可能にする仕組み作り——の設定，および(b)固定的だが変動可能な為替相場制への移行を提案している．その提案によれば，すべての外国為替取引はこの機関を通して決済されることになる．この清算機関の会員は各国の中央銀行であり，各会員はそれぞれこの機関に預金勘定を設定するものとする．清算に当たっては，なんらかの計算単位が必要であり，ケインズの「バンコール」にならって，IMCU（国際通貨清算単位）と称する計算単位ならびに国際的決済手段を創設する．各国通貨はこの IMCU 1 単位当たりいくらであるか，すなわち，1 IMCU 当たり何ドル，何円，何ユーロか等々が取り決められる．これによって各国通貨の交換比率は固定されることになる．固定為替相場制たる所以であるが，このレートは，あまりにも多額の貿易収支の赤字を出している場合や各国内のインフレの亢進や労働生産性の向上などで経済状態に大きな変化が生じた場合，適宜調整されるべきものとされている．IMCU は，中央銀行によってのみ所有され国内通貨への一方向の交換は保証されているが，国民によっては所有されない．例えば，日本人が 100 万ユーロのフランスワインを輸入しその代金を支払う場合，当該日本人は 100 万ユーロに見合う円を最終的には日本の中央銀行に払い，中央銀行がその円に見合う IMCU を，清算機関に持っている IMCU 預金勘定からフランスの中央銀行の同 IMCU 勘定に付け替える．フランスの中央銀行は，IMCU 預金の増加分に見合うユーロを，自国のワイン輸出業者に支払うという形となる．このように決済で生じた黒字は，この清算機関におけるその国の中央銀行の IMCU 預金勘定に預け入れられるという意味で，IMCU は，国際流動性のための究極的な準備資産ともなっている．こうしておけば，投機資金を含むすべての国家間の資金移動が把握でき（運用次第ではトービ

税と同じく移動資金の抑制効果が期待でき)，また各国の国際的準備資産の積み上がり具合も明らかになる．そこであらかじめ会員である加盟国の中央銀行間で，どの程度の IMCU 残高の積み上がりが起こればその支出を促すかについての合意が得られていさえすれば，グローバルな貯蓄の増加が抑制され，失業の減少をもたらすことができるであろうとされている．また固定相場制の採択により国際的基準価値の安定性が確保され，各赤字国には，国際収支の大幅な赤字を続けるべきではないとの政策ディシプリン（節度）が課されることになる．要するに，ここで提案されているシステムは，国際収支の調整の責務を黒字国に負わせるとともに，自らの所得以上の生活を続けこれを対外借入によって賄うやり方，なかんずく，中心通貨国の特権を利用して毎年大幅な経常赤字を出すことによって，ただひとり「無償の恩典（free lunch）」を享受してきた米国のやり方に制約を加えるという，国際協調を前提とした極めて大局的見地に立ったシステムであるということである．それだけに，米国民がこれに素直に賛意を表するのかどうかが注目される．

　なお，デヴィッドソンが提案の中で改革しようとしている現行の変動為替相場制であるが，それが導入された 1970 年代においてさえ，その主唱者の喧伝しているような効果（国際収支調整効果やインフレ隔離効果）を持たないのではないかとの批判があり，ポスト・ケインジアンを含む多くの学者も早い時期から同趣旨の論陣を張ってきている．長年にわたり，変動為替相場制のパフォーマンスを綿密に検証してこられた山下英次氏の近刊書『国際通貨システムの体制転換　変動相場制批判再論』（東洋経済新報社，2010 年）においても，「変動相場制は，いかなる意味においても有効な調整能力を持っておらず，フロート論者の主張は神話である．とりわけ，国際収支（経常収支）は純粋に名目ベースの概念であり，為替レートに，この不均衡を調整する十分な効果はほとんどない．……国際収支の調整効果がないとしたら，そもそも，国民経済的には，したがって，世界経済全体にとっても，為替レートを，毎日，時々刻々変動させる意味は全くなくなる」（同書 323 ページ）と結論されている．最近，無意味とも思われる「通貨安競争」や為替レートの

異常な投機的乱高下を目撃するにつけ，どういう形であれ，現行の変動為替相場制は見直されるべき時期に来ていると言えよう．

また，自由化された貿易ならびに国際金融市場のもとでの，仕事の外部委託という問題に関しては，古典派の効率的市場理論を盲目的に適用することから「悲惨な」結果が起こりうることが認識されるべきであるとして，競争条件の同一化を求めるなど，何らかの規制の必要なことが提案されている．

あらためて指摘するまでもなく，デヴィッドソンはポスト・ケインズ派経済学の指導的な学者であり，80歳を超える今でも学界の第一線で論陣を張って活躍している．さまざまな研究業績のなかで，デヴィッドソンの研究の中心はいうまでもなく貨幣理論の分野であり，彼こそケインズ貨幣経済思想を受け継ぐ「守護神」であり，ケインズ貨幣理論の本質的要素を今に伝える「伝道者」であるといえよう．

デヴィッドソンが40年以上も前から指摘してきたことであるが，ケインズ革命の幕開けを予告した「生産の貨幣理論」と題する論文で，ケインズは古典派理論が物々交換経済ないし実物交換経済のパラダイムに基づいているのに対し，彼の目指す分析対象が古典派とは異なる原則と目的に基づいて組織された「貨幣経済」にあることを強調した．貨幣経済では貨幣が枢要な要因となっており，貨幣は経済主体の動機や意思決定に影響を及ぼす．こうした貨幣経済思想は，当然のことながら，『一般理論』（GT）に引き継がれていく．GTの序文や第1章において，古典派理論の基礎となっている前提が現実の世界と大きく乖離しており，実際の貨幣経済の分析にとって不適切である，とケインズは繰り返し指摘した．貨幣が「本質的かつ独特な仕方で経済機構に入り込む」(GT, p. xxii) 貨幣経済の理論は，貨幣が形式上存在してはいるが中立的な要因であるにすぎない実物交換経済とは，理論構成が根本的に異なるのである．

本訳書の第3章でも指摘されているように，デヴィッドソンはケインズの流動性選好説を（新）古典派の効率的市場理論に対する対抗軸として捉えて

いる．この視点は，ケインズの貨幣経済思想を理解する上できわめて重要であるが，少しわかりにくいように思われる．そこでデヴィッドソンの貨幣経済理論に初めて接する読者のために，屋上屋を重ねる結果となることを恐れず，なぜ彼がケインズ理論の中心に流動性選好説を据えるのかについて解説を加えておきたい．

ケインズの貨幣の捉え方は，古典派理論が貨幣を瞬時に行なわれる交換プロセスに配置するのに対して，貨幣を「現在と将来を結ぶ連鎖」(GT, p. 293) として生産および投資プロセスに組み込むというものである．貨幣経済において，企業家は不確実性に立ち向かって現在の貨幣を資本資産に投資し，時間をつうじて資本資産が現在の貨幣額よりも大きな将来の貨幣額の流れを生み出すかどうかを推測する．こうした企業家の投資決意やファイナンスは，不確実性から切り離して論じることができないし，不確実性に対処するための流動性選好と不可分に結びついている．

これに対して，流動性選好説に冷淡な評価を下したサムエルソン，クラインおよびヒックスによって開始された新古典派総合——本書でいう誤用されたケインズ的分析——は，GT の貨幣経済理論を無時間的な実物交換の一般均衡理論に変質させることによって，ケインズ貨幣理論の矛先を異なった研究進路に向けてしまった．流動性選好はたんなる貨幣需要という狭い範囲に閉じ込められ，不確実性や流動性プレミアムについてほとんど言及しなくても，貨幣需要が利子感応的となりうることを示す試みに限定されてしまった．その結果，貨幣の非中立性に関する議論は，経済主体が貨幣錯覚に陥っているか（実質値のみ重要とする公理），あるいは賃金・価格の硬直性など供給サイドの不完全性や情報の非対称性を想定する場合に見られる一時的な非中立性に限定され，長期非中立性のパラダイムは主流の貨幣理論によって中立貨幣の公理で置き換えられるようになった．

しかし，ケインズ本来の流動性選好説を追究するスタンスは，デヴィッドソンやミンスキーのようなポスト・ケインジアンによって受け継がれ，流動性選好説を GT 第 17 章で展開された自己利子率理論に沿って，貨幣から実

物耐久財までを含む「貨幣的均衡分析」へ拡張され貨幣理論と資本蓄積理論との統合がなされている．

　もしケインズの貨幣経済理論が流動性選好説を軸として動いていることを理解するためには，われわれは自己利子率理論にまで遡って検討しなければならない．自己利子率理論のフレームワークにおいて，さまざまな資産は，それらが提供する貨幣的収益（$q_i - c_i + a_i$）と流動性プレミアム（$l_i$）の組み合わせにしたがって，完全流動資産（貨幣），流動資産および非流動資産に大きく分類される．貨幣（および他の流動資産）に対する収益は，名目価値の安定性からくる資産を自由に処分しうる力に対して，資産保有者が主観的に評価する流動性プレミアムからなっている．その意味で貨幣はきわめて素早く処分することができ，しかも資本価値の損失から免れているため，最も高い流動性プレミアムをもつ．これらの流動性プレミアムに関する期待は，さまざまな資産の自己利子率の構成における $l_i$ の大きさに依存して，諸資産の自己利子率（限界効率）に対して異なったインパクトを与える．たとえばいま，将来の利潤に関する長期期待に抱いている確信が高まるならば，この場合流動性に割り当てられた主観的な価値評価＝流動性プレミアムは低下するであろう．したがって，流動性プレミアムに収益の多くを依存する資産に比べて，非流動資産の現物価格は上昇し，その自己利子率＝限界効率も上昇するであろう．このように，現物資産価格が供給価格を超えるとき，たとえば裾野の広い自動車産業を例にとれば，自動車生産に用いられる固定資本資産は新たに生産されるであろう．こうした固定資産に対する投資の増加は，次いで関連する部品産業における生産・雇用および所得を拡大する波及効果を引き起こし，部品産業の固定資産に対する投資の増加を促すであろう．現物資産価格の上昇によって始発された投資の増大は，関連産業だけでなくひいては経済全般に影響が及ぶ乗数効果を引き起こすとともに，資産市場おけるさまざまな資本資産間の相対価格の調整を生じることになるのである．ケインズも述べているように，「将来に対する期待の変化によって影響される現在の経済の動きを分析するわれわれの方法は，……価値の基本理論と結び

付いて」(GT, p. xxii) おり，貨幣は産出量や雇用量の決定に深く入り込んでいる．それゆえに，流動性選好説は資産価格の決定に関与することによって，有効需要の理論と不可分に結びついているのである．ケインズ理論が貨幣経済理論であるといわれる所以は，たんに貨幣・金融的な用語や概念が用いられているからにとどまらず，貨幣が経済の長期的な状態にまで影響すると考えられている点にある．

　デヴィッドソンは，非自発的失業の原因を厳密に評価することに多大な関心を払ってきた．セイ法則は，相対価格の適切な変化が経済主体に対して自己の所得から他人の所得へシフトさせるという意味で，すべての財が互換性のある代替財であるかぎり成立するであろう．消費に支出されない1円は，再生産可能な資産の購入に自動的に蓄えられる，すなわち貯蓄はそれ自らの投資をつねに創造するであろう．したがって，粗代替性の公理はセイ法則を復位させ，非自発的失業が発生する論理的な可能性を否定するのである．非自発的失業は，実物財やサービスに対する制約された需要関数が原因となって生じるのではなく，むしろ労働によっては生産不可能であるとともに，その需要が労働によって生産しうる諸資産に資源を注入させない流動資産に対する需要が原因となって発生するのである．そこでデヴィッドソンは，ケインズが貨幣の基本的性質と呼んだ考えの重要性を強調することになる．生産弾力性がゼロということは，貨幣需要の増加がその生産への資源の転用を引き起こさない，ということを意味する．貨幣と生産可能資産との代替弾力性がゼロということは，その需要が増加するとき，貨幣の相対価格の上昇はそうした需要を非貨幣的な生産可能資産に転換させない，ということを意味する．こうした独特な性質により，貨幣は価値貯蔵機能をもつのであり，こうした貨幣の基本的性質は粗代替性公理に対する対抗軸を示すとともに，非自発的失業が存在するための理論的な基礎をなしている．粗代替性の公理を拒否することによって明確になるのは，非自発的失業が硬直的な賃金が直接の原因となって生じる現象ではないということである．

　次の問題になるのは，こうした競争的市場における情報をどのように処理

して期待を形成するかという点に関わっている．よく知られているように，効率的市場仮説においては，経済主体は将来の事象に関する統計的に信頼しうる条件付き確率を割り出すため，ファンダメンタルズ（基礎的諸要因）に関する情報を収集するものと考えられている．ここでいうファンダメンタルズとは，現在から将来にかけて企業が生み出す収益のことをさす．証券市場が効率的であるためには，株価の長期トレンドは不変の実物部門のファンダメンタルズによって決定されることを必要とする．証券市場が効率的であるならば，そのときに利用できるすべての情報は即座に現在の株価に織り込まれるので，情報が公開されたあとでは誰も取引により利得を上げることができないということになる．効率的市場仮説によれば，すでに他の市場参加者たちにも利用可能になっている情報に基づいて投資をしても，投資家にとっては市場の平均を超える利得を得る裁定機会がもはやないということを意味する．

効率的市場仮説は，いわゆる「ランダム・ウォーク理論」と結びつけて考えられてきた．統計学では，ある変数が上昇するのも下降するのも期待値でみて同じ幅であるという特性をもつ時系列変数は，ランダム・ウォーク過程と呼ばれる．効率的市場では，株価はファンダメンタルズを反映しており一見でたらめな動きをしているように見えても，実際にはあらゆる情報を織り込んで価格が形成されているので，既存の情報を利用するかぎり，投資家は市場全体の平均を上回る利得を得ることができない．ランダム・ウォーク理論では，情報がスムーズかつ即座に価格に織り込まれるので，このようにして形成される現在の株価は将来の株価を予測するのに最も有用であると考えられている．それゆえに，株価がファンダメンタルズを十分に反映していることは，株価がランダム・ウォーク過程にしたがっていることと，株式に関して市場平均を上回る収益を得る裁定機会が存在しないことを意味している．効率的金融市場モデルにおいて，短期のトレーダーは2つのグループ，すなわち合理的なスマート・トレーダーと愚かなノイズ・トレーダーからなる．ファンダメンタルズによって決定される本源的価値から乖離する観察された

資産価格変動のボラティリィティーは，金融市場がどのように作用するかを知っていると過信してファンダメンタルズから正しい情報を入手しようとしないノイズ・トレーダーがいるために起こるとされる．合理的なトレーダーは，絶えず誤りを繰り返すような非合理的なトレーダーをダーウィン流の経済淘汰プロセスをつうじて排除するので，最終的には市場価格をファンダメンタル価値に戻すとされる．

指摘するまでもなく，流動性が重要な役割を演じるのは，将来が不確実性にさらされているような環境においてである．ケインズ＝ナイトにしたがうならば，不確実性は定量不可能な性質をもち，定量化しうる保険数理的なリスクとは区別される．経済主体がこうした環境下で期待を形成しようとするさいには，不確実性に対処する「合理的」な方法のひとつは，金融市場参加者の大多数によってとられている「慣行」に従い，市場で成立している「平均的な期待」に自らを委ねることである（GT, pp. 151-152）．

実際の金融市場はさまざまな不確実性にさらされてはいるものの，ケインズによれば，われわれが慣行の持続性を信頼することができるかぎり，こうした慣行的な価値評価は金融市場取引のかなりの連続性および安定性と両立するのである．もし慣行の維持を頼りにすることができるならば，組織化された金融市場における投資家たちは近い将来における情報の変化の危険のみを処理すればよく，遠い将来における投資価値をどのように評価するかという問題からひとまず解放されるであろう．こうした慣行が破綻しないものと信頼できるならば，投資家たちが期待を修正し意思決定の変更の余地が残されているものと見なしうる場合，彼らは投資物件の購入がかなり安全なものと考えるようになるであろう．これによって，社会全体としては固定している投資も，投資家個人にとっては流動的な対象物となる．このような手続きに基づいて主要な投資市場が発達してきたというのがケインズの見方であり，市場における投資価値の評価は，企業家の真正な長期期待によるよりも，慣行を頼りに行動する投資家たちの「平均的な期待」によって支配されるようになる傾向がある．

ケインズは，平均的期待の基礎にある慣行が恣意的で頼りにならないため急激な変化を被りやすい，という性質に注目している．こうした慣行の頼りなさを生じさせるものは，専門的な知識をもたない大衆投資家の増加，金融市場の過剰反応，市場における群集心理の作用，および玄人投資家相互間の高次元の期待形成である．

　よく知られているように，ケインズは，投機という用語を金融市場の心理を予測する活動を表わすのに用い，企業という用語を資産の全存続期間にわたる予想収益を予測する活動を表現するために充てた（GT, p. 158）．金融市場における活動は基本的に投機的であり，実物資本への投資額や証券の新規発行額から概ね独立している．組織化された金融市場における取引コストはきわめて低いので，投資家の関心は近い将来の資産価格変動によるキャピタルゲイン（ロス）に絞られるようになった．玄人筋の投資家は一般群衆の不適切な予想につけ込んだり，あるいは他の玄人投資家を出し抜くことに主たる関心をもつようになった．よく組織された流動的な投資市場は，こうした玄人投資家が群集心理の産物として生み出される慣行的な価値評価に起こるであろう将来の変化に賭けさせるようになったのである．

　ケインズは，こうした流動的な金融市場における投資家たちの虚々実々の駆け引きを，有名な「美人投票」の比喩にたとえて説明した．すなわち，「玄人筋の行う投資は，投票者が100枚の写真［株式］の中から最も容貌の美しい6人を選び，その選択が投票者全体の平均的な好みに最も近かった者に賞品が与えられるという新聞投票に見立てることができよう．この場合，各投票者は彼自身が最も美しいと思う容貌［株式］を選ぶのではなく，他の投票者の好みに最もよく合うと思う容貌を選択しなければならず，しかも投票者のすべてが問題を同じ観点から眺めているのである．ここで問題なのは，自分の最善の判断に照らして真に最も美しい容貌を選ぶことでもなければ，いわんや平均的な意見が最も美しいと本当に考える容貌を選ぶことでもない．われわれが，平均的な意見はなにが平均的な意見になると期待しているかを予測することに知恵をしぼる場合，われわれは3次元の領域に到達している．

さらに4次元，5次元，それ以上の高次元［の予想］を実践している人もあると私は信じている」(GT, p. 156)．この比喩が意味することは，流動的な金融市場における資産価格形成を理解するためには，その投資家の将来利得に関する期待だけでなく，他の投資家が抱いている予想についても理解することを必要とする，ということであろう．ケインズは，「美人投票」の比喩によって自己の期待と他者の期待が相互に作用し合う様を巧みに表現した．市場参加者たちは，平均的な期待がどのように形成されるかについていかなる確信の程度をもっても知り得ないし，また平均的な期待に関する他の市場参加者たちの期待も確実に推測することなどできない．このように，市場参加者たちが形成する期待は相互に依存しており，それらをつうじて形成される平均的期待は群集心理や慣行といった脆い基礎の上に成り立っているのである．

　もしポートフォリオを処分しなければならない時期について不確実性が存在するとき，流動性があるということは特別に高い価値を持つであろう．その場合，流動性に価値を認める資産保有者は，得べかりし収益を手放してでも，流動性を維持するために高いプレミアムを進んで支払うであろう．このように，不確実性が高まっていると知覚することは，流動性に対する事前的な価値を高め，各種の資産からなる一定のストックについて，流動性選好が異なった種類の資産に対する需要表のシフトを引き起こし，主として流動性プレミアムを求めて需要される資産の価格を，流動性の低い資産の価格に比べて，上昇させることを意味する．たとえば，何らかの理由により貸し手リスクが高まるとするならば，貸し手は相対的に低い流動性を体化した危険資産から相対的に高い流動性を体化した安全資産に乗り換えようと試みるであろう．デヴィッドソンが第7章で強調しているように，こうした通貨間や資産間で起こる「質への逃避」は，いまや流動性選好が高まるさいの典型的な現象として理解することができる．

　デヴィッドソンは，現在テネシー大学（ノックスビル校）ホリー記念講座

の名誉教授であり，創刊時から『ジャーナル・オブ・ポスト・ケインジアン・エコノミックス』誌の編集者を務めている．これまでに出版した著書は本書を含めて22冊，論文は実に218本にものぼっている．そのうち訳書が刊行されているのは，本書を除いて次の13点である．

『ケインズ経済学の新展開』安部一成ほか訳，ダイヤモンド社，1966年．

『貨幣的経済理論』原正彦監訳，金子邦彦・渡辺良夫訳，日本経済評論社，1980年．

『国際貨幣経済理論』渡辺良夫・秋葉弘哉訳，日本経済評論社，1986年．

『ケインズ経済学の再生』永井進訳，名古屋大学出版会，1994年．

『ポスト・ケインズ派のマクロ経済学』渡辺良夫・小山庄三訳，多賀出版，1997年．

『文明社会の経済学』小山庄三訳，多賀出版，1999年．

「フリードマンの貨幣分析に関するケインズ派の見解」，R.J. ゴードン編『フリードマンの貨幣理論』加藤寛孝訳，マグロウヒル好学社，1978年，所収．

「ケインズの金融動機」，H. ハーン ＆ F. ブレクリング編『ケインズ経済学の再評価』花輪俊哉監修，東洋経済新報社，1980年，所収．

「自然資源」，A.S. アイクナー編『ポスト・ケインズ派経済学入門』緒方俊雄・中野守・森義隆・福田川洋二訳，日本経済評論社，1980年，所収．

「ポスト・ケインジアンの経済学」，D. ベル＝I. クリストル編『新しい経済学を求めて』中村達也・柿原和夫訳，日本経済新聞社，1985年，所収．

「国際通貨と国際経済関係」，J.A. クレーゲル編『ポスト・ケインズ派経済学の新展開』緒方俊雄・渡辺良夫訳，日本経済評論社，1991年，所収．

「開放経済の文脈における『一般理論』」，G.C. ハーコート＝P.A. リーアック編『一般理論－第二版』小山庄三訳，多賀出版，2005年，所収．

「ケインズの『一般理論』」，J.E. キング編『ポスト・ケインズ派の経済理論』小山庄三訳，多賀出版，2009年，所収．

デヴィッドソンの略歴などについては，記念碑的な労作である『貨幣的経済理論』を初め上記の単行書に詳しく述べられているので，それらを参照していただきたい．

ここで，本書を訳出することになった経緯についてひとこと述べさせていただきたい．リーマン・ショックとそれに続くグローバル不況の到来は，ケインズの経済思想と経済政策に対する関心を復活させた．2010年1月，スキデルスキー著『なにがケインズを復活させたのか？』の訳書刊行に刺激され，渡辺は日本経済評論社の清達二氏に本訳書の刊行を打診し了解を得た．昨年7月，渡辺が左足首の手術・治療のため長崎市郊外の某病院に入院する羽目となったため，小山が素訳を作成し，渡辺がそれを監修するという役割分担がなされた．本書は『ポスト・ケインズ派のマクロ経済学』に続く2冊目のデヴィッドソンの共訳書になるということもあり，お互いの意思疎通はスムーズであった．小山は，その素訳の完成にあたり，大塚勇一郎前立教大学教授および東大経済学部古谷ゼミ同期生の秋山彬氏から懇切なご指摘をいただいた．ここにあらためて両氏に対し心からのお礼を申し上げたい．

　最後になるが，本訳書の刊行にあたって，日本経済評論社社長の栗原哲也氏と編集担当の清達二氏にはひとかたならぬご配慮をいただいた．この場を借りて篤くお礼を申し述べたい．

　2011年3月

小 山 庄 三<br>渡 辺 良 夫

# 索引

## [欧文]

1933年の証券法　103
2001年9月11日の攻撃　96-8
2000年商品取引現代化法（Commodity Trading Modernization Act of 2000）101-2
ARS市場　91, 99, 105
ISLMモデル　186-7
ITバブル　3
JPモルガン・チェース　97-8

## [ア行]

アイゼンハワー，ドワイト（Dwight, Eisenhower）157
アウアバック，マーシャル（Auerback, Marshall）16
アメリカン・インターナショナル・グループ（AIG）102
アロー，ケネス（Arrow, Kenneth）37
アロー＝デブリューの一般均衡モデル　37-8, 192
『イェールにおける神と人』（バックリー）（God and Man at Yale）180
移民　124
イラク　74
インド　74, 79, 82, 118, 128-9, 132, 142
インフレーション
　1973年の──　188-9
　商品──　72-6, 157, 190
　所得──　76-8, 157, 190
　所得政策と──　78-87
　賃金と──　76-86
　──の説明　72
　目標──率政策　81-2, 85
ヴェトナム戦争　2, 86
ヴェルサイユ条約　168-9
ウェルズ，オーソン（Welles, Orson）15
ヴォルカー，ポール（Volker, Paul）23, 157
ウルフ，レナード（Woolf, Leonard）165
エーデルマン，イルマ（Adelman, Irma）7
エルゴード性　39-42, 50, 71, 94-5, 179, 185, 190
「大きな政府」　1-4, 22, 66-7
オデッツ，クリフォード（Odets, Clifford）15
オバマ，バラク（Obama, Barack）17, 35, 62, 76-7, 132, 151

## [カ行]

外貨準備　133, 139, 148, 151
買戻し規則　97
外部委託（outsourcing）80, 83, 85-6, 116-7, 123-6, 128-9
『確率論』（ケインズ）166
価格協議　99-100, 195
課税，税金ないし税収
　課税を活用した所得政策（TIP）と──　83-4
　景気後退と──　61-2, 66, 160
　国際通貨清算同盟（IMCU）と──　148, 150, 153
　国債と──　65-6
　国際貿易と──　115, 122, 132, 148
　古典派理論と──　36-7
　自由放任のイデオロギーと──　3, 36
　整理信託公社（RTC）と──　110
　労働と──　122
課税を活用した所得政策（tax-based incomes policy, TIP）83-5
貨幣賃金率

索引                                                                                              221

インフレーションと―― 76-80, 86
国際貿易と―― 116, 120-3
失業と―― 79, 180-1, 188
生計費調整（COLA）と―― 190
――についてのケインズ 175-6, 178
『貨幣論』（ケインズ） 72
ガルブレイス，ジョン・ケネス（Galbraith, John Kenneth） 78
為替相場ないしレート 115-7, 135-9, 150, 167
緩衝在庫 73-4, 76
完全雇用
　インフレーションと―― 80-1
　経済回復のための支出計画と―― 78, 160
　国際通貨清算同盟（IMCU）と―― 147-8
　国際貿易と―― 119, 127-9, 136-8
　古典派理論と―― 170, 185-6
　資本主義が提供できない―― 6
　自由市場と―― 49
　所得抑制政策と―― 79
　第2次世界大戦と―― 18-20, 67, 156
　賃金と―― 181, 191
　――についてのケインズ 158-9
　ワイントロープと―― 85
　流動性理論と―― 175-7
危機管理 40, 144-5
規制 1, 3-5, 14-5, 21-3, 29, 42, 45, 79, 89, 91, 97, 100-1, 103, 106, 108-9, 138, 151, 155, 162, 178, 186, 193
　――緩和 1, 3-4, 22-3, 89, 155, 178
　金融市場――の必要性 5, 21
　賃金と―― 79
　ヘッジファンドと―― 108-9
　ルーズヴェルトと―― 14-5
救済策ないし措置 2, 40
「金融危機にかかわった数学に対する信仰と理性」（ラヴィッツ） 43
金融の証券化（securitization）
　――市場が失敗した理由 95-103
　政策と―― 101-13
　――，流動性および金融市場の失敗 90-4

――の説明 25
クープマンズ，チャリング（Koopmans, Tjalling） 187
グラス-スティーガル法（Glass-Steagall Act）
　1980年代における――の解釈の見直し 23-4
　改革と―― 103-5, 107-8
　――の可決 21
　――の適用 157
　――の廃止 23-4, 89-90
グラム，フィル（Gramm, Phil） 23, 101
グリーンスパン，アラン（Greenspan, Alan） 3-5, 7-8, 23, 36, 40-1, 46, 90, 93
クリントン，ビル（Clinton, Bill） 4, 24, 101, 144-5
クルーグマン，ポール（Krugman, Paul） 25-6, 28, 55
クレジット・デフォルト・スワップ（credit default swaps, CDS） 100-3
グローバリゼーション 79-80, 82-7, 115-7, 121-9
　労働組合と―― 78-80, 125
　賃金と―― 121-9
『経済学』（サムエルソン） 180
『経済学入門』（ターシス） 180
『経済分析の基礎』（サムエルソン） 179, 181
経済理論の定義 31-2
健康管理 161-2
ケインズ，ジョン・メイナード（Keynes, John Maynard）
　インフレーションと―― 188-90
　完全雇用についての―― 159
　経済学研究に与えた――の影響 178-86
　効率的市場理論と―― 5, 7-8, 32, 166
　古典派理論と―― 44-7
　失業についての―― 20-1, 49-50
　資本主義に関する――の理論 49-64
　第2次世界大戦と―― 167-8, 171
　大不況と―― 5-8
　賃金についての―― 174-8, 180-1
　――の遺産 174-8

――の流動性理論 32-5, 95
ヒックスと―― 186-8
フランクリン・D. ルーズヴェルトと――
  14-5, 89, 156, 183
『ケインズ主義のアメリカへの到来』（コランダー＆ランドレス） 180
ケネディ, ジョン・F. (Kennedy, John F.)
  86
効率的市場理論
  改革と―― 91-4
  ケインズと―― 5, 7-8, 32, 166, 173-4
  国際貿易と―― 115, 129, 135-6, 144, 163
  サブプライム住宅ローンに基づく危機と
    ―― 54-5
  市場の失敗と―― 99-100
  自由市場と―― 35, 91
  将来の予測と―― 35-40
  想定の現実味と―― 44-6
  中立貨幣の想定と―― 69-70
  ――についてのソロス 50
  立法ないし法律の制定と―― 41-3
  流動性と―― 56
国債ないし国家債務
  インフレーションと―― 72
  紙幣の印刷と―― 68-70, 72
  商品インフレーションと―― 72
  所得インフレーションと―― 78
  所得政策と―― 78-87
  ――の大きさ 18, 29, 64-8, 160-1
国際決済システムの改革 143-53
国際通貨基金（IMF） 70, 140, 145, 151
国際通貨清算同盟（International Monetary Clearing Union, IMCU） 146-53
国内総生産（GDP） 10, 16-8, 65-6, 69, 86
古典派理論
  課税と―― 36-7
  完全雇用と―― 170, 185
  失業と―― 49-50
  将来の不確実性と―― 34-43
  想定の現実味に関する――対ケインズ 44-7
  フリードマンと―― 3, 7, 175-6
『雇用・利子および貨幣の一般理論』（ケインズ） 12-3, 15, 49, 160, 174-7, 179-80, 182-5, 191
コランダー, デイヴィッド (Colander, David) 180, 182-4
ゴールドマン・サックス 97, 100

［サ行］

財政支出による景気回復策への反対 63
債務担保証券（collateralized debt obligation, CDO） 25, 58, 89
先物取引 75, 101
サッチャー, マーガレット (Thatcher, Margaret) 3
砂漠の嵐 74
サブプライム住宅ローンに基づく危機 1, 24-6, 54-5, 90, 145
サマーズ, ローレンス (Summers, Lawrence) 35-6, 93
サムエルソン, ポール (Samuelson, Paul) 39, 41, 44, 50, 175, 179-86, 188-91
サンタヤナ, ジョージ (Santayana, George) 9
失業 2, 9-12, 16-21, 42-3, 49-50, 60-2, 66, 70-1, 79-83, 85, 128-9, 136, 141, 157-61, 170, 175-8, 181, 183-5, 188-91
  インフレーションと―― 79-83, 85, 136, 157-61
  外部委託と―― 128-9
  黒字と―― 150
  景気回復のための財政支出と―― 2
  景気後退と―― 61-2
  効率的市場分析と―― 43
  古典派理論と―― 49-50
  第２次世界大戦後の―― 20-1, 141
  第２次世界大戦前の―― 9-12
  大不況と―― 10, 16, 66, 170
  中立貨幣の想定と―― 70-1
  ――についてのケインズ 20-1, 49
  ニューディールと―― 17-8
シップリー, デイヴィッド (Shipley David) 45
資本主義 5-8, 11-2, 31-47, 49-64, 67, 71, 78, 85, 87, 90, 112-3, 117, 125, 127, 139, 155-

6, 158, 170, 173-5, 188, 191-2
　　ケインズの理論と——　49-64
　　古典派理論と——　31-47
　　——についてのケインズ　5-8
市民保全部隊（Civilian Conservation Corps, CCC）　15
社会保障　15, 37, 185
社債ないし債券　36, 58, 68, 93, 96-7, 144
住宅所有者資金貸付公社（Home Owners' Loan Corporation, HOLC）　27, 109, 112-3, 195
住宅バブル　3, 25-8, 109
住宅ローン担保証券（mortgage-backed security, MBS）　21, 24-6, 83, 99
自由放任のイデオロギーないし考え　3, 32, 42, 79, 144, 185
ショー、ジョージ・バーナード（Shaw, George Bernard）　12
証券取引委員会（SEC）　15, 101, 103-4, 153
消費者物価指数　86, 135, 190
商品インフレーション　72-6
ショールズ、マイロン（Scholes, Myron）　7, 144
助成（金）　84
所得インフレーション　76-8
所得政策　81-7
ジョンソン、リンドン（Johnson, Lyndon）　86
新古典派経済理論　32, 179-81, 184-6, 188-9, 191-2
スキデルスキー卿、ロバート（Skidelsky, Lord Robert）　51, 169, 175
スタグフレーション　2, 157, 189
スティグリッツ、ジョセフ（Stiglitz, Joseph）　187
ストレイチー、リットン（Strachy, Lytton）　166
スミス、アダム（Smith, Adam）　36
生計費調整（cost of living adjustment, COLA）　190
製造業　80, 83, 125, 128
整理信託公社（Resolution Trust Corporation, RTC）　28, 98, 109, 111, 113, 195

世界銀行　140-1, 150
石油ないし原油　2, 72-6, 83, 157, 159, 173, 188, 190
　　⇒石油輸出国機構（OPEC），戦略的石油備蓄も見よ
石油輸出国機構（OPEC）　2, 124, 157, 159, 173, 188, 190
　　⇒石油ないし原油も見よ
先進7カ国（G7）　145
戦略的石油備蓄　73-6
ソロー、ロバート（Solow, Robert）　188-90
ソロス、ジョージ（Soros, George）　50

[タ行]

第1次世界大戦　9, 11-2, 139, 167-8
第2次世界大戦
　　インフレーションと——　77-8
　　ケインズと——　167-8, 171
　　——後の期間の世界経済　7, 18-9, 125, 173-5, 177
　　ブレトン・ウッズと——　137-8, 140
　　米国国債と——　18, 66-7
大不況
　　——から学べる教訓　28-9, 78-9
　　ケインズと——　5-8
　　最近の経済危機と——　1, 3-4, 85, 143
　　米国国債と——　66-8
　　立法ないし法律の制定と——　108
　　——を引き起こす思想と政策　9, 11-3, 16-8, 20-1
ダウ・ジョーンズ株価指数　9-10
ターシス、ロリー（Tarshis, Lorie）　180, 184, 191
ダン、スティーヴン・P.（Dunn, Stephen P.）　162
チャーチル、ウィンストン（Churchill, Winston）　5
中国　74, 79, 82, 118, 122-3, 128, 132-6, 142
中立貨幣の公理　69-72
貯蓄貸付組合（S&L）の危機　28, 98, 109-10
賃金

インフレーションと——　76-86, 158, 188
外部委託と——　116-7, 122-6, 128-9
完全雇用と——　181, 191
規制と——　79
グローバリゼーションと——　121-9
古典派理論と——　11-2
最低——　19-20, , 43, 123, 178, 181
失業と——　11-2, 19-20, 49, 174
——についてのケインズ　174-6, 178, 181
——の硬直性　20, 174-6, 178, 181, 183-5
⇒貨幣賃金率も見よ
賃金‐物価ガイドライン政策　86
『使い捨てのアメリカ人』（ユチテル）　116
テイラー，ピーター（Taylor, Peter）　45
デ・クーニング，ヴィレム（de Kooning, Willem）　16
テネシー川流域開発公社（TVA）　15
デブリュー，ジェラール（Debreu, Gerard）　37
投資運用会社（structured investment vehicles, SIV）　25, 89
独占企業の価格設定　9, 19, 78
ドーズ案　139
トルーマン，ハリー（Truman, Harry）　156

[ナ行]

ニクソン，リチャード（Nixon, Richard）　7, 143
日本　132, 142-3
ニューディール　3, 13-8

[ハ行]

ハイエク，フリードリヒ（Hayek, Frederick）　182
バックリー，ウィリアム・F.（Buckley, William F.）　180
破産　17, 22, 26, 28, 52, 63, 65-6
ハロッド，ロイ（Harrod, Roy）　167
バーンスタイン，ピーター・L.（Bernstein, Peter L.）　46, 56
ピグー，A.C.（Pigou, A.C.）　167
ヒックス，ジョン・R.（Hicks, John R.）　186-8
ビッグバン理論　41
ヒルセンラス，J.（Hilsenrath, J.）　68
フィッシャー，アーヴィング（Fisher, Irving）　10
フィッシャー，スタンリー（Fischer, Stanley）　145
フーヴァ，ハーバート（Hoover, Herbert）　11, 82, 158
福祉　169, 178
ブッシュ，ジョージ・H.W.（Bush, George H.W.）　109-10
ブッシュ，ジョージ・W.（Bush, George W.）　65, 116, 177
ブライス，ロバート（Bryce, Robert）　182-4
フランクリン，ベンジャミン（Franklin, Benjamin）　59
ブランシャール，オリヴァー（Blanchard, Oliver）　70, 72
フリードマン，ミルトン（Friedman, Milton）
インフレーションと——　157
規制緩和と——　22
古典派理論と——　3, 7, 175-6
サムエルソンと——　181, 185
失業と——　189
紙幣の印刷と——　68
ブレトン・ウッズ　137-43
ベアー・スターンズ　97-8
ペイシュ，ジョージ（Paish, George）　167
『平和の経済的帰結』（ケインズ）　169
ヘッジファンド　108, 144, 193
ポロック，ジャクソン（Pollock, Jackson）　15
ポールソン，ヘンリー（Paulson, Henry）　1, 40, 111
ホワイト，ハリー・デクスター（White, Harry Dexter）　140

[マ行]

マーシャル，アルフレッド（Marshall, Alfred）　36, 165, 167

マーシャル・プラン 141-2, 148, 156
マーシャル゠ラーナー条件 135
マッカーシズム 174, 180-1, 191
マッケナ，レジナルド（McKenna, Reginald）167
マートン，ロバート（Merton, Robert）7
マルクス，カール（Marx, Karl）79
マルクス主義 13-4
マンキュー，N. グレッグ（Mankiw, N. Greg）116-7, 128, 177, 186
3つの特性（担保，既往取引実績，評判）22, 24, 108
ミル，ジョン・スチュアート（Mill, John Stuart）36
『ミルトン・フリードマンの貨幣理論』 176
ムーア，G.E.（Moore, G.E.）165
メキシコ 144
メリル・リンチ 100
メロン，アンドリュー（Mellon, Andrew）11, 42, 82, 158
目標インフレ率政策 81-2, 85

[ヤ行]

ユチテル，ルイス（Uchitelle, Louis）116, 124, 128

[ラ行]

ラヴィッツ，ジェローム（Ravitz, Jerome）43
ラパポート，L.（Rappaport, L.）68
ランドレス，ハリー（Landreth, Harry）180, 182-4
『リスク：神々への反逆』（バーンスタイン）46, 56
リカード，デイヴィッド（Ricardo, David）36, 118, 120, 124
立法ないし法律の制定
  規制と── 89, 104, 107-8
  グラス-スティーガル法の── 21
  効率的市場理論と── 42
  国際貿易と── 122, 124, 126
  最低賃金の── 19, 43
  大不況と── 108

労働組合と── 82, 178
リーマン・ブラザーズ 100
流動性
  金融の証券化と── 90-4, 102, 104-7
  黒字と── 142
  国際通貨清算同盟（IMCU）と── 147-52
  失業と── 20, 174
  資本主義と── 32, 34-5
  整理信託公社（RTC）と── 112
  破産と── 52-7
  マーケットメーカーと── 95-100
  連邦準備制度と── 157
流動性のわな 176-7, 191
流動性理論 32-5, 95, 137
  理論の定義 31-2
『倫理学原理』（ムーア）165
ルーカス，ロバート（Lucas, Robert）2, 7, 38, 44, 185
ルービン，ロバート（Rubin, Robert）24, 144
ルーズヴェルト，フランクリン・D.（Roosevelt, Franklin D.）
  ケインズと── 14-5, 89, 156, 183
  国債ないし国家債務と── 67, 156
  失業と── 10, 193-4
  自由市場と── 22
  住宅所有者資金貸付公社（HOLC）と── 27, 109
  ニューディールと── 3, 13-8
レーガン，ロナルド（Reagan, Ronald）3, 36
連邦準備制度
  9・11後の── 96-8
  アメリカン・インターナショナル・グループ（AIG）と── 102
  一般均衡モデルと── 37
  インフレーションと── 135-6
  規制緩和と── 3-4, 22-3
  グラス-スティーガル法と── 21
  黒字と── 142
  国際通貨清算同盟（IMCU）と── 147
  市場の安定性と── 157

紙幣の印刷と—— 52, 68-9
整理信託公社（RTC）と—— 112
「連邦準備制度は米国債の購入計画に向かってゆっくりと進んでいる」（ヒルセンラス＆ラパポート）（Fed Inches toward Plan to Purchase U.S. Bond） 68
連邦預金保険公社（FDIC） 110
ロイド - ジョージ（Lloyd-George） 167
労働組合
 インフレーションと—— 81-2
 グローバリゼーションと—— 78-80, 125
 市場清算賃金と—— 19
 失業と—— 19-20, 43, 178
 生計費調整（COLA）と—— 190
 賃金と—— 9, 80, 181

立法ないし法律の制定と—— 43, 82
労働コスト 76-7
老齢者医療保険 161
ロビンソン，オースティン（Robinson, Austin） 174
ロポコヴァ，リディア（Lopokova, Lydia） 171
ロング・ターム・キャピタル・マネジメント（LTCM） 144

[ワ行]

ワイル，サンディ（Weill, Sandy） 23
ワイントロープ，シドニー（Weintraub, Sidney） 83-5
ワルラス理論 37, 183-4, 186, 192

## 訳者紹介

### 小山庄三(こやましょうぞう)

エコノミスト．1937年生まれ．59年東京大学経済学部卒業，日本開発銀行（現日本政策投資銀行）入行．69年米国ジョージ・ワシントン大学経済学修士課程修了．90年日本開発銀行設備投資研究所長，同行監事，富国生命ビル㈱顧問などを経て現在に至る．訳書にP.デヴィッドソン『ポスト・ケインズ派のマクロ経済学』（共訳）多賀出版，1997年．G.＆P.デヴィッドソン『文明社会の経済学』同，1999年．G.C.ハーコート＆P.A.リーアック編『一般理論─第二版』同，2005年．J.E.キング編『ポスト・ケインズ派の経済理論』同，2009年ほか．

### 渡辺良夫(わたなべよしお)

明治大学商学部教授．1949年生まれ．72年明治大学商学部卒業．77年同大学院商学研究科博士課程修了．77年明治大学商学部助手，専任講師，助教授をへて88年から現職．97年商学博士（明治大学）．著書に『内生的貨幣供給理論』多賀出版，1998年．『金融システムの国際比較分析』（共著）東洋経済新報社，1999年ほか．共訳書にP.デヴィッドソン『貨幣的経済理論』日本経済評論社，1980年．同『国際貨幣経済理論』同，1986年．J.A.クレーゲル編『ポスト・ケインズ派経済学の新展開』同，1991年ほか．

---

**ケインズ・ソリューション**
グローバル経済繁栄への途

2011年4月5日　第1刷発行

定価（本体3000円＋税）

| | |
|---|---|
| 著　者 | P.デヴィッドソン |
| 訳　者 | 小山庄三 |
| | 渡辺良夫 |
| 発行者 | 栗原哲也 |
| 発行所 | ㈱日本経済評論社 |

〒101-0051 東京都千代田区神田神保町3-2
電話 03-3230-1661／FAX 03-3265-2993
E-mail: info8188@nikkeihyo.co.jp
振替 00130-3-157198

装丁＊渡辺美知子　　　太平印刷社／高地製本

落丁本・乱丁本はお取替いたします　　Printed in Japan
Ⓒ S. Koyama and Y. Watanabe 2011
ISBN978-4-8188-2158-3

・本書の複製権・翻訳権・上映権・譲渡権・公衆送信権（送信可能化権を含む）は，㈳日本経済評論社が保有します．
・JCOPY〈㈳出版者著作権管理機構　委託出版物〉
本書の無断複写は著作権法上での例外を除き禁じられています．複写される場合は，そのつど事前に，㈳出版者著作権管理機構（電話 03-3513-6969，FAX 03-3513-6979，e-mail: info@jcopy.or.jp）の許諾を得てください．

## 進化経済学の諸潮流
　　　　八木紀一郎・服部茂幸・江頭進編　本体5800円

## 国際通貨体制と世界金融危機
――地域アプローチによる検証――
　　　　　　　　　　上川孝夫編　本体5700円

## グローバル資本主義論
――日本経済の発展と衰退――
　　　　　　　　　　　飯田和人　本体3800円

## 世界金融危機の歴史的位相
――欧米における歴史的経験――
　　　　　　　　　　　斎藤叫編　本体3500円

## 失墜するアメリカ経済
――ネオリベラル政策とその代替策――
　　　R.ポーリン／佐藤良一・芳賀健一訳　本体3400円

## 経済学は会話である
――科学哲学・レトリック・ポストモダン――
　　　　　アリオ・クラマー／
　　　　　後藤和子・中谷武雄監訳　本体3600円

**日本経済評論社**